S級アフィリエイト

元手1万から
9か月で月収10万を
〝ほぼ永遠〟に生み出す
「ネット副業」入門

株式会社アリウープ
取締役
井口大輝

ぱる出版

はじめに

朝の収穫風景、1日の「取れ高」30万円超

僕の1日は"朝の収穫"から始まります。"畑"には、昨日1日で実った"果実"がたわわに実っています。

大切に育ててきた、みずみずしい新鮮な"成果"を一つ一つ確認しながら摘み取っていきます。育ちのいい株には「よく頑張った！」と心の中で呼びかけ、育ちが悪い苗には、水をあげたり養分を足したり、もっと育つように工夫できないかを考えながら……。

そんな"農作物の収穫"的なイメージを思い描きながら、僕は朝8時に起床し9時に会社に出社すると、昨日のアフィリエイト事業の成果をチェックします。

パソコンを立ち上げ、まずはASP（アフィリエイト・サービス・プロバイダの略）会社の「報酬画面」にアクセス。更新された報酬額で昨日の成果報酬を確認します。

画面上には、

「不動産一括査定　報酬額1万円　成約30件　計30万円」

「歯のホワイトニングトリプルケア　報酬額6000円　成約3件　計1万8000円」

などなど、僕が運営するアフィリエイトサイトが昨日1日で実らせた報酬額が記載されています。

実際のPC画面上で昨日の収支を確認したら、Excel（エクセル）で作った収支表に数字を打ち込んでいきます。

とはいえ、アフィリエイト歴はすでに７年を超えました。長年の習慣で、前日までの成約数や報酬総額が頭の中に入っているので、報酬画面を見る前から**１日のおおよその「取れ高」**の予想は立っています。頭の電卓をパチパチと叩けば「この調子だと今月１か月の報酬成果はいくらになりそうか」もクリアにイメージできています。

Excel の収支表で正確に計算した昨日の報酬金額の合計は僕の予想より少し多い30万円以上。なかなか、いい日になりました。

広告を打ってまず集客。アドアフィリの実力

アフィリエイト広告からの報酬額がわかったら、次は「Google（グーグル）広告」の管理サイトにログインします。こちらでチェックするのは、アフィリエイト広告を得るためにかけた広告費です。

「昨日のクリック数は全体で百数十。クリックごとに課金される**CPC（Cost Per Click の略、クリック課金広告）**の金額がかなり増えたな〜。この案件は収益率が低いから、かける広告費の上限を少しだけ引き下げようかな〜」

「こっちのディスプレイ広告の**CPM（Cost Per Mille の略、ディスプレイ課金広告）**の費用は全体で５万数千円。稼ぎ頭の不動産査定や外壁工事の案件はコンバージョン率（成約率）も高めだし、もう少し広告費を増やしても大丈夫だ！」

そんなことを考えながら、僕は新しいアフィリエイト案件のリサーチや企画立案、記事作成に明け暮れます。帰宅したあとも、人と打ち合わせをしたり、インターネット上のニュース記事を読みながら、新しい記事のアイデアを探します。頭の中はアフィリエイトのことばかり。

はじめに

第１章

第２章

第３章

第４章

第５章

第６章

気がつくと時計はすでに夜中の0時を回ったところです。

「今日も1日楽しかったな。そろそろ寝ないと……」

くたびれた僕はベッドに横になり、静かに目を閉じます——。

高校中退の僕を救ってくれたアフィリエイト!

本書を手にとられたみなさま、こんにちは!

僕は北海道・札幌に本社のある**株式会社アリウープ取締役の井口大輝**と申します。

「取締役」というと偉そうですが、「偉そぶった人」が大嫌いで、目立つのが苦手な、腰の低い真面目人間だと自己分析しています。

今では「取締役」などという肩書がついていますが、思い起こせば10年前、まだハタチの頃の僕はパッとしない人生を少しでも変えようと、必死にもがいていました。でも、答えは一向に見つからず、この先、何をしたらいいのかまるでわからない、道に迷った若者でした。

中学時代までは大阪のとある町で、寡黙な溶接工の父と天真爛漫な母のもとで育ちました。決して裕福ではないものの、何の変哲もない、どこにでもある普通の家庭でした。

状況が一変したのは、高校2年の頃。

父がガンに侵され余命2年と宣告されました。

「父と少しでも長く一緒に過ごしたい……」、そんな思いもあって、学校を休みがちになった僕は高校を中退しました。それからは父の看病とバイトに明け暮れる毎日。

「学校はどうや?」

「大学はどこに行くんや?」

「大輝、将来何になりたいんや?」

高校を中退したことを伝えていなかったので、父は病床でしつ

こいくらいに僕の将来を心配してくれました。

　2010年4月20日、父は宣言された余命よりわずかに短く、60年の生涯に幕を閉じました。

　父の病気、高校中退、バイト生活、そして父の死、あんなに笑顔の絶えなかった母がこっそり僕らに隠れて流す涙……16歳から18歳という思春期真ただ中の僕は、突然すべてが変わってしまった「現実」を、まだまだしっかり受け止めることができませんでした。

　その後、母とともに家計を支えるべく、僕は月収17万円の派遣社員として工場勤務を始めました。毎日10時間ぐらい、死ぬほど働いても月収は20万円を超えません。残念ながら、それは「灰色」といっていい生活でした。

「もう少し余裕のある裕福な生活をしてみたい……」

　そんな想いを抑えることができず、ネットサーフィンで情報収集する中で出会ったのが**「アフィリエイト」**でした。

　アフィリエイトのことを調べれば調べるほど、その魅力に引き込まれていき、アフィリエイトで稼ぐためのスクールに参加するようになりました。

　結果的にそのスクールで学んだことがきっかけで、月間10万円ほどの利益を出せるようになりましたが、まだまだ目標としている金額には程遠いものです。

　しかも、アフィリエイトのことを調べれば調べるほど、

「今からやっても稼げない」
「競合が多いから素人じゃ勝ち目がない」
「膨大な努力をしなくては勝負にならない」

　といったネガティブなコメントに遭遇します。

　それらのコメントは、「俺ができなかったから、あんたも無理だよ」「自分はやってないけど、やるだけ無駄だと思う」といっ

はじめに

第1章

第2章

第3章

第4章

第5章

第6章

た自己正当化や勝手な決めつけで不安をあおったり、諦めを誘うたぐいのものでした。

「このままアフィリエイトを続けていて大丈夫なのか？」

そんなもやもやが膨らんでいたタイミングで、僕は現在、取締役を務める会社に入社することになりました。

「成功は自分でつかむ」を起爆剤に努力を重ねる

アリウープに入社させてもらったとはいえ、まだまだ僕は右も左もよくわからない、平均点以下の覚えの悪いアフィリエイターでした。入社当初はアフィリエイトの実践以外にも覚える仕事がたくさんあり、日々楽しみながらではあるものの試行錯誤していました。ただ、結果はすぐにはついてきませんでした。何をどうやったら成功するのかまったくわからない七転八倒の日々が続きました。

諦めかけていたとき、代表取締役の津幡真吾をはじめ、先輩社員からたくさんの指導を受けて、あることに気づかされました。「成功者は生まれたときから成功者か？」（いやいや違う、そうじゃないだろう。自分でつかみ取ったんだ）

「自分が成功できないのは才能がないから？」（いやいや違う、そうじゃないだろう。努力が足りないだけだ）

そう心に言い聞かせて1年半ほど経った頃、僕は月間1000万円を超えるアフィリエイト報酬が得られるまでに成長しました！

なんとか「正しい努力」をこつこつ積み重ねて一人前以上のアフィリエイターになることができたのです。

そして、先輩の退職もあり、アリウープのアフィリエイト事業部を一手に任されるようになりました。それからも必死に頑張った甲斐もあって、同事業部は利益ベースでも月700万〜800万円を

キープできるような、社内の核になる部門に成長してくれました。

そして、僕は取締役になりました。

自他ともに認める**"ド凡人"**の僕が、です。

アフィリエイトに広告を組み合わせた「アド運用」

本書を手にとられたみなさんは「アフィリエイト」というと、毎日、ブログに日記を書いたり、手間暇かけてサイトを作ったりしてお客さんをじわじわと増やし、サイト内に貼りつけた広告をクリックしてもらい……というように、とにかく、

「アフィリエイトは地道な努力と長い時間をかけて初めて成果が上がるもの」

というイメージを持たれていると思います。

「アフィリエイトは儲からない、稼げない、すでに終わったコンテンツ」といった声がネット上に充満しているのも、苦労してブログやサイトの更新をしても成果がまったく上がらない人が多いからだと思います。

しかし、僕のやっているアフィリエイトは**まずは広告費をかけて宣伝することで、一番大変な「初期集客」の壁を軽々と飛び超えてしまう「アドアフィリ」「アド運用」と呼ばれるもの**です。

世界的な巨大 IT 企業のご機嫌をとって検索サイトで上位表示してもらうのではなく、天下の Google や Yahoo! JAPAN（ヤフージャパン）、Facebook（フェイスブック）、Instagram（インスタグラム）、Twitter（ツイッター）、TikTok（ティックトック）の「広告主」というお客様の立場になって、彼らの最先端の広告技術をフル活用することでアフィリエイトの成果を最大限まで上げる――、それが「アドアフィリ」の手法です。

はじめに

第1章

第2章

第3章

第4章

第5章

第6章

「S級アフィリエイト」なら"永遠の畑"が手に入る

- -

　従来の**ブログしこしこ型 SEO（検索エンジン最適化）アフィリ**を"露地栽培"とするなら、アドアフィリは最先端の IT 技術を駆使してデータ管理を行い、スピード感を持って新鮮な果実や野菜を育てる"促成栽培"のようなもの。

　あえていわせてもらうなら**「S級アフィリエイト」といってもいい効果抜群の方法**なのです。

　そのイメージは、効率よく果実が育つ実り豊かな"畑"です。多少の管理は必要ですが、一度、費用対効果に見合う栽培方法を確立してしまえば、あとはほとんどほったらかしでも、その畑は報酬を生み出してくれます。

　実際、アフィリエイト以外の仕事で死ぬほど忙しく、まったくといっていいほど"畑を耕していない状況"でも、僕のアフィリエイト報酬は月によって波はありますが、いいときで月間1200万円ほど発生し、月800万円近い利益を生み出し続けてくれています。

　この状態まで来ると、僕が作ったサイトは財産であり、勝手に収益を生み出してくれる「バーチャル不動産」のようなものになります。日々の売り上げといったフローではなく、家賃収入やサブスクリプション（定期購買）のような**「ストックビジネス」**として定期的に収益を上げ続けてくれます。

　いわば、**"半永久的に果物が育つ畑"**です。

　たとえば、今、僕が亡き父のように病に倒れ、残念ながら死んでしまったとしても、サイトは悲しまないでしょう。広告システムがふさぎ込むこともないでしょう。

　相変わらず、すくすくと果実を育て、報酬を生み出し続けてくれるのです。

むろん、俗にいう「生涯の不労所得」とは違いますから、少しずつ成果は下がっていくかもしれません。しかし、収入が突然、ぱったりなくなってしまうこともありません。

　これを「財産」といわずになんというのでしょうか？

　それを可能にしてくれるのが「Ｓ級アフィリエイト」、本書でお伝えするアドアフィリの真実になります。

　広告費をかけるといっても**最初は月１万円ぐらいの少額からでも**十分実践可能です。しかも**最短なら１日で成果**が出て、月収10万円程度なら「ほぼ永遠」に生み出すことができるのです。

　電通が発表した「2020年日本の広告費」によると、コロナ禍に見舞われた日本では2020年の総広告費は６兆1594億円で**前年比12％も縮小**しました。広告費の前年割れは東日本大震災のあった2011年以来、実に９年ぶりです。

　にもかかわらず、**インターネット広告だけは約６％伸びて２兆2290億円**。すでにテレビメディア単体の広告費を追い抜いていましたが、ついに新聞、ラジオ、雑誌、テレビのマスコミ４媒体と肩を並べるまでになりました。2021年に抜き去るのは確実です。

　そしてもちろん！　僕たちの収益源である**成果報酬型広告もずっと右肩上がりの成長**が続いています。

　アフィリエイトにとってコロナ禍はある意味、追い風になっていて、その状況は2021年以降も変わらないでしょう。

　元手が１万円あれば、利益率30％でも複利運用の効果で、９か月目には10万円程度の月収が軽く稼げます。それが、Ｓ級アフィリエイトの魅力です。そんな伸び盛りの、新しいアフィリエイトのノウハウを惜しみなくご紹介します！

はじめに

第１章

第２章

第３章

第４章

第５章

第６章

目　次

第1章

給料が全然上がらない今、副業は唯一の自己防衛法！インターネットは「金のなる木」

第2章

それでもあなたは YouTuberを目指しますか？ 「アドアフィリ」こそ最強な理由

第3章

月10万円、半永久的に稼ぐ！ S級アドアフィリを 始めるための準備

第4章

こうすれば効率よく稼げる 検索連動型アドアフィリを 実際に始めてみよう！

第5章

アドアフィリで一番大切!
「稼げる記事LP」の書き方
お客を呼び込むS級の切り口設定法

第6章

Googleの検索連動型アドアフィリで月10万円を半永久的に稼ぐ「王道・展開」ページの作り方

カバーデザイン／NIXinc

DTP 制作／㈱キャップス

校正／梅津香奈枝

編集協力／エディマーケット

給料が全然上がらない今、副業は唯一の自己防衛法！インターネットは「金のなる木」

はじめに

第1章

第2章

第3章

第4章

第5章

第6章

日本人の給料は泣けるほど下がり続けている

「月々10万円、いや5万円でもいい。本業とは別に定期的な収入があったら……」

あなたはふと、そんなため息をもらしたことはありませんか？

正規、非正規を問わず薄給で働く多くの方々は**「楽して稼げる副業収入」**に憧れを抱いているはずです。

給料は大して上がらないのに、忙しくて本格的に副業する暇はない。でも、この給料じゃ、将来、結婚して子供を育てたり、マイホームを手に入れたりするのは夢のまた夢。

「一生、大した貯金もできず、お金の奴隷になって、大切な人生を使い果たすのか」という漠然とした不安や焦りを抱えている20代、30代の方も多いと思います。

国税庁が毎年発表している「民間給与実態統計調査」によると、2019年、会社からお給料をもらって生活している給与所得者の数は5990万人。その平均給与は前年より1％減少して436万円でした。

男女を比べると、男性540万円、女性296万円と、ひどい男女格差があります。男性の540万円だって、そこから高額の税金や厚生年金、健康保険料、雇用保険料など社会保険料を引かれると、手取りは400万円台前半まで目減りします。

これが、パートタイマー、アルバイト、派遣社員、契約社員といった「非正規社員」になると収入はさらにガクッと落ち込み、平均給与はたったの175万円です。正社員と非正規社員の間には激しい格差があります。

図1は会社員の平均給与がこの20数年間、どのように推移してきたかを示したものです。

図の左半分の1997年から2008年まではどんなに景気がよかろう

が悪かろうが、日本の会社員の給料はずっと右肩下がりが続きました。

「リーマンショック」という金融危機が起こった翌年の**2009年には全体平均が406万円**まで低下。12年前の1997年の467万円から実に61万円も下がっています。

その後も横ばいが続き、当時の安倍晋三首相が打ち出した「アベノミクス」という経済政策による好景気や人手不足で、2012年にようやく底打ち反転。しかし、2019年には頭打ちとなり、**いまだに20年前の水準を回復できていません。**

グラフにはないですが、2020年は新型コロナウイルス感染症が世界的に蔓延し、戦後最悪といわれる不景気が到来しています。コロナの影響で経済がいたるところでストップしてしまっていることを考えると、2020年、2021年の民間平均給与が2019年から大きく目減りするのは120％確実といっていいでしょう。

図1　日本の会社員の平均給与の推移

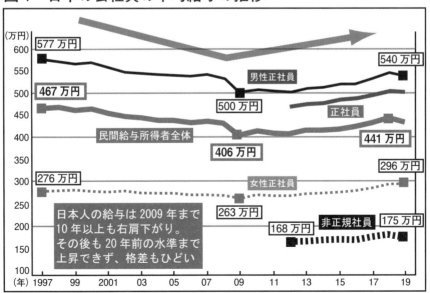

出典：国税庁「2019年民間給与実態統計調査」より

悲惨な非正規社員、一発逆転は副業しかない!

　図1を見て驚くのは、2013年以降のアベノミクス好景気の時期においても、非正規社員の給与の伸びが正社員に比べて悲惨なことです。**2012年の168万円から2019年の175万円までたった7万円しか上がっていません**。これぞ、世の中でよくいわれるようになった**「格差社会」の現実**です。

　高校を中退した僕、井口は派遣社員として工場勤務をしていましたが、毎日10時間以上働いても、月の手取りが20万円を超えたことは一度もありませんでした。派遣社員の惨状はまだ若い10代の頃から、骨身に染み込んでいます。

　「一生懸命働いてもまったく給料が上がらない」——それは今、日本に住んでいる多くの方がひしひしと感じている絶望や不安感、焦りや諦めの元凶になっています。

年金はアテにならないからこそ効率のいい副業

　給料がまったく上がらない中、最近は**「老後破産」**といった言葉もよく耳にします。

　公的年金だけに頼った生活では、老後に2000万円ほど資産が不足するという「老後2000万円問題」もクローズアップされました。

　年金の受給開始年齢自体も65歳まで引き上げられています。2040年には年金の受給開始年齢が65歳から70歳になる方向で国は動いているようです。

　2021年4月1日からは「高年齢者雇用安定法」という法律が改正され、「従業員をなるべく70歳まで雇うように」という努力義務が企業に課せられました。

　その裏には「国家としては、もう年金という形で、みなさんの老後の面倒は見切れませんよ。自分でなんとかしてください」という隠れメッセージがあります。

　しかし、先ほど見たように、本業でいくら頑張って働いても、もらえる給料はずるずる下がる時代です。もはや本業だけの収入に頼るのではなく、副業や兼業で収入のチャンネルを増やすしかありません。

　国はそのことも重々承知していて、2017年3月28日の「働き方改革実行計画」の閣議決定を踏まえ、**兼業や副業が普及するような働きかけ**を行っています。

　それを受けて、ソフトバンクやメルカリ、サイバーエージェントといった名だたるIT企業はいち早く社員の副業推進に乗り出しています。

　単に認めるのではなく、推奨、つまり「積極的にやりなさい」と勧めているのです。「どんどんやってください」といっているわけです。

　そうした副業推奨は、リクルート、丸紅、パナソニックなどIT以外の大手企業にも浸透してきています。

　これから10年、いや5年経つか経たないうちに、副業や兼業は多くの会社で認められ、社会的に「当然」と思われるぐらい普及しているでしょう。

　「ダブルインカム」が当たり前になり、**収入源を3つ、4つ持つ「ポートフォリオワーカー」も増えてくる**はずです。

　もし会社の上司に「給料はますます減るけど、今日から副業OKだから、自分で勝手に仕事探して！」といわれたら、あなたはどうしますか？

　コンビニで夜間バイト、「Uber Eats（ウーバーイーツ）」で宅配、土日に肉体労働……選択肢はいろいろあるようですが、昼間も働

いて夜中や休日も働いていては体を壊すでしょう。

とにかく**「楽をして稼ぐ」発想が必要**になります。

世の中を見渡せば、ITが時代をひっぱっていく以上、**「どうせ副業するならネットで」というのが最も現実的な副業・兼業のスタイル**になるのではないでしょうか？

PCとインターネット回線があれば自宅にいるだけで仕事が完結するネット関連の仕事が副業のメインになるのは時代の必然といえるでしょう。だからこそ、「ITリテラシー」を高めることが、弱肉強食の世界で身を守る唯一の方法になるわけです。

「バラ色の未来」はインターネットの中にしかない

そして2020年から2021年、世界は新型コロナウイルス感染症の襲撃を受け、世の中では「リモートワーク」「巣ごもり消費」「DX（デジタルトランスフォメーション）」といった言葉が定着。

アナログな対面ではなく、**インターネットをフル活用した新しい生活様式**が急速に広がっています。

上司の目を気にすることなくリモートワークできる人の中には、「時間が余ったから副業や投資でお金を稼ごう！」という人がどんどん増えているはずです。

「Zoom（ズーム）」や「Google Meet（グーグルミート）」「Microsoft Teams（マイクロソフトチームズ）」など**ビデオ会議ツール**を使いこなして、遠隔地の副業相手と勤務時間中に打ち合わせに励む人――。

コロナ前は会社のトイレで、こそこそスマホトレードしていたのに、今は仕事用のモニタとは別の大画面モニタで堂々と**株やFX、CFDや日経225先物といった投資**に明け暮れる人――。

部屋の整理整頓を兼ねて**「メルカリ」で中古品を売り**に出して

お小遣い稼ぎする人──。

eコマース支援の「BASE（ベイス）」（香取慎吾さんがCMに出ていた）などを利用して**ネットショップを開業する人**──。

「ランサーズ」や「クラウドワークス」に登録して、**家でできる「内職的」な副業仕事**に精を出す人──。

「Uber Eats」に登録して、空いた時間に自転車を使って宅配に汗を流す人──。

などなど、コロナ禍の在宅勤務の中ではきっと、さまざまな形の副業のスタイルが生まれているはずです。

今、思いついて並べただけでも、そのほとんどすべてはインターネットの知識やノウハウや実務体験がないと、なかなかできない仕事ばかりです。

そんなネット系の副業に精を出して本業以上の収入を得ることができている人もいるでしょうし、月々1万円、2万円の収入しか得られず行き詰まっている人もいるでしょう。

とはいえ、コロナがもたらした、非常に大きな社会の変化は、「すでに会社の給料だけじゃやっていけない、ということは重々わかっていたけど、いまや**インターネットを駆使して稼ぐのが当たり前の時代**」になったこと。

占星術の世界でも、2021年からは組織や安定や上昇志向が幅を利かす縦社会的な「土の時代」から、自由や情報、人脈、横のつながりや改革、理性が重視される**「風の時代」に移行**した、といわれています。

それは実に200年ぶりの社会変化らしいです。

自由や情報や横のつながりといわれれば、誰だって、インターネットを思い浮かべるでしょう。

こじつけのように思われるかもしれませんが、占星術の世界でも、ますますITが隆盛を極める可能性が指摘されているわけです。

はじめに

第1章

第2章

第3章

第4章

第5章

第6章

高速インターネットやクラウド、IoT（モノのインターネット化）、5G通信、スマホ決済など最先端技術を駆使することが、自由で快適で幸せな"風ライフ"を過ごすためには必要といったところでしょうか。

最も手っ取り早くネットで稼ぐならアフィリエイト

　では、インターネットの世界で副収入を得る最も定番の手段といえばなんでしょうか？　それこそ、毎日僕が収穫に励んでいる**「アフィリエイト」**です。

「えっ、アフィリエイト？　もうずいぶん昔からいわれていて、最先端のITとは程遠いイメージがあるぞ」

「すでに競合が多すぎて、ド素人が始めても勝ち目なんかあるわけないよ」

「ブログを毎日、せっせと書いたり、ツイッターで呟いたり、手間暇かけて動画をいっぱい作って……フォロワーやチャンネル登録者を増やすには死ぬほど努力しないと勝負にならない」

　と、相変わらず、ネガティブな声が聞こえてきそうです。

　僕が月間1000万円を稼いでいるアフィリエイトは、確かに**「ネットで副業」時代の古株的な存在**ではあります。

　ITに興味があって、新しいモノ好きの人にとっては、すでに「つまらない」「言い尽くされた」「手垢のついた」ジャンルかもしれません。

　しかし、僕はあえて言いたいのです。

「マインド・リセットが必要だ！　コロナで僕らの生活が急速にデジタル化している中、アフィリエイトはネットやスマホを武器にお金を稼ぐための基礎中の基礎、初歩中の初歩の手法。アフィリエイトで稼げなくて、他の最先端ITで稼げるはずはない」と。

さらにはこうも言いたいのです。

「アフィリエイトの知識があれば、ネットショップを出しても成功するし、メルカリなどの転売ビジネスももう少しうまく行くだろうし、ウェブに関する知識がどんどん身につくので、コロナが収束したあとの社会でも引く手あまたのIT人材にもなれる！第一、アフィリエイトじゃもう稼げないなんて真っ赤なウソ！」

　中でも僕が駆使する「S級アフィリエイト」は「アド＝広告」を駆使して人を集めるテクニックなので、今、さまざまな業界で求人募集が多い**Webマーケティング**が学べます。広告の運用とWebの知識があれば、どんな企業に就職しても怖いものなしですし、転職、独立、起業なんでもアリです。

　それでもネットなどで少しだけアフィリエイトをかじった人の中には、繰り返しになりますが、

「自分にはできなかったから、無理に決まっているよ」

「みんな無理だといっているし、もうダメなんじゃ」という妄想や偏見、勝手な決めつけがはびこり、そんな不安をあおる記事を読んだアフィリエイターの中には、

「俺、このままアフィリエイト続けていて大丈夫なんだろうか？」

　という不安や不信感がくすぶっています。

アフィリエイトならどんな凡人でも立派に稼げる

　でも、ぶっちゃけた話、それほど「デキ」がいいとは思えないこんな僕でもアフィリエイトでいまだに月間1000万円稼ぐことができています。

　高校を中退してお金もコネも資格も学力もやる気もそんなになかった月収17万円の派遣労働者だった僕が、です。

　今から10年前、アフィリエイトに興味を持ってネットで情報収

はじめに

第1章

第2章

第3章

第4章

第5章

第6章

集を始めた僕は、アフィリエイトどころか、サイトの作り方もドメインの取得方法もまったくわからない "ド素人" でした。

しかし、当時としては大金をはたいてスクールで勉強したり、アリウープに入社してからは先輩社員からインターネットやサイト作成の基礎知識をみっちり指導、こってり伝授され、入社からわずか18か月で月間1000万円の収益という大台を達成することができたんです。

「井口さん、それはあなたにセンスがあったからですよ」

というご意見も多々いただくのですが、ぶっちゃけた話、**「才能やセンスはあんまり関係ない」** と断言できます。

上には上がいるのはどの世界でも同じで、たった数ページのアフィリエイトサイトを運営しているだけで、年間5億円の成果報酬をがっぽり手にしているスゴ腕さんも僕は存じ上げています。

そんな猛者がいまだにたくさん実在しているのがアフィリエイトの魅力です。

「アフィリエイトはもう稼げない、時代遅れだ」などという、どこの誰かもわからない人の個人的な主観を鵜呑みにして、自分自身では少しもチャレンジしてもいないのに同調圧力に屈してしまう。もしくは、ちょっとアフィリエイトをかじった程度で、まるですべてを悟ったかのように「やっぱりアフィリエイトはダメだ！」と言い出してしまう。

これじゃ稼げるものも稼げないですし、アフターコロナ以降、ますますニーズが高まりそうなインターネットやスマホの世界で副業収入を得るチャンスをみすみす失ってしまうことになるでしょう。

アフィリエイトで稼げない人がネット通販でバリバリ成功できると思いますか？

アフィリエイトの基礎知識もない人が、ウェブデザイナーや

IT プランナーとして副業でがっぽり儲けられますか？

　答えは「NO」だと思います。

　僕自身はアフィリエイトで十分儲かっているので他の IT 分野にまで進出しようと思いませんが、アフィリエイトをやっていたおかげで、今ならサイトの作成や簡単なウェブデザイン、eコマースサイトの構築やネット広告を使った集客などは簡単にできます。機会をいただけるなら、「あなたの IT ビジネス、こうすればもっとうまくいきますよ」といったコンサルティングもできると思います。

　そうなのです！　**今をときめく、最先端の IT 技術や IT ビジネスの基礎中の基礎が学べる**という意味でも、一番手軽に始められるアフィリエイトは IT 社会でしっかり稼ぐための**「登竜門」**といえるのです。

「常識を疑う」ところからまずは始める！

　突然ですが、クイズの時間です！

「あなたは、世界で一番大きな砂漠がどこだか、知っていますか？」

「何？　急に砂漠？　どういうこと？」と思われるかもしれませんが、パッと頭に思い浮かんだ地名でいいので答えてみてください。

「鳥取砂丘？」（さすがにそれは……）

「ゴビ砂漠？」（聞いたこと、ありますよね）

「サハラ砂漠！」（「ビンゴ！」といいたいところですが違います）

　確かに Google で検索すると「サハラ砂漠」と書かれたランキング記事がトップに出てきますし、学生時代、僕もそう習った記憶があります。

はじめに

第1章

第2章

第3章

第4章

第5章

第6章

しかし……。実はサハラ砂漠は世界一でも第2位ですらなく、第3位なんです。

では、世界で一番大きな砂漠はどこか？　といえば**「南極大陸の氷雪砂漠」**。なんと約1383万㎢あります。ちなみに2位は北極、3位のサハラ砂漠は約907万㎢しかありません。

なぜ、こんな誤解や偏見が生まれるかというと、きっとイメージの問題だと思います。

一般的な砂漠のイメージといえば、見渡す限り、果てしなく砂が広がる世界です。南極大陸にしても北極にしても、そこは砂ではなく一面、氷に閉ざされた世界ですから、"砂漠"のイメージとはかけ離れているわけです。

しかし、南極大陸は「低温砂漠」というれっきとした砂漠だそうです。

「で、何が言いたいの？」と問い返されてしまいそうですが、僕が言いたいのは、「正しいかどうか？」よりもイメージを優先させてしまうのが「ヒト」という生き物の特徴だ、ということです。

人間は生物学的には「霊長類サル目ヒト科」に属するそうですが、僕からすると**「盲信類盲信科」**に属しているのが人間という生き物の実体のような気がします。

人生で実際に役立ち、生きる指針となるだけでなく、収入アップやお金に困らない生活に役立つのは、曖昧で、根拠のないイメージではありません。

事実、真理、ファクトフルネスです。

アフィリエイトは始まったばかり！

- -

「アフィリエイトはもう稼げない」とイメージだけで語っている人は今、世界に君臨する大企業トップ10をすらすら順番に言うこ

とができるでしょうか？

　日本を代表する企業であるトヨタ自動車もソニーも任天堂もソフトバンクグループも、残念ながらトップ10に入っていません。

　答えは、**1位アップル、2位サウジアラムコ、3位マイクロソフト、4位アマゾン・ドット・コム、5位アルファベット（Googleの親会社）、6位はフェイスブック、7位は中国のテンセント、8位は電気自動車のテスラ、9位中国のアリババグループ、10位バークシャー・ハサウェイ**（2021年3月時点）となっています。

　ざっと見ても、世界トップ10企業の中で、2位の石油会社・サウジアラムコと10位のバークシャー・ハサウェイ（世界一の投資家ウォーレン・バフェット氏が率いる投資会社）を除く、全部が全部、米国そして中国の巨大IT企業です。

　新興の自動車会社・テスラがトヨタ自動車より評価されているのも、ITを駆使した自動運転技術などで世界の最先端を走っているからです。

　じゃあ、なぜ、世界トップクラスの会社がほぼすべて、みーんなIT企業なのか？

　それは世界中のどこに行っても、誰もがAppleのスマートフォンやMicrosoftのWindowsOSのPCを見て、Googleで情報を検索し、Amazonのネット通販を利用して、Facebookで友達とつながっているからです。

　GoogleやFacebookが遮断されている中国でも事情は同じで、米国企業の代わりに、テンセントが提供している「WeChat（ウィーチャット）」というSNSに出てきたネット広告をクリックして、アリババが運営するネット通販サイトで中国人12億人が日々、お買い物したり交流したりしているからです。

　すなわち、**世界の名だたる企業は全部が全部、「ネットがらみ」**だということです。

はじめに

第1章

第2章

第3章

第4章

第5章

第6章

そんな状態を無意識に知っていながら（だってあなたもスマホを1日中いじってるじゃないですか!?）、「もうアフィリエイトは終わり」なんてよく言えたもの、といったら言い過ぎでしょうか。

1兆8000億円のおこぼれにあずかろう!

「イメージではなく、事実を見よう」と僕は言いました。

たとえば、**図2**は日本最大の広告代理店・電通と関連会社が発表した「2020年 日本の広告費 インターネット広告媒体費 詳細分析」というレポートから引用した、日本のインターネット広告費の推移です。

2015年、つまり今から6年前にはまだ9194億円だった**ネット広告の総額は2021年には1兆8912億円まで増加**すると予測されています。ざっと6年間で2倍以上に伸びているわけです。

図2　インターネット広告媒体総額の推移

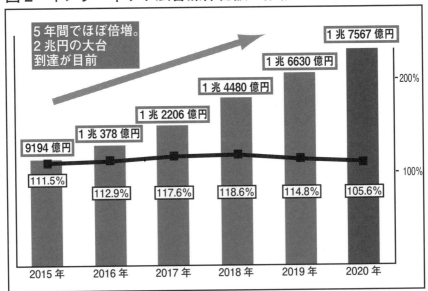

5年間でほぼ倍増。
2兆円の大台
到達が目前

9194億円	1兆378億円	1兆2206億円	1兆4480億円	1兆6630億円	1兆7567億円
111.5%	112.9%	117.6%	118.6%	114.8%	105.6%
2015年	2016年	2017年	2018年	2019年	2020年

出典：電通「2020年 日本の広告費 インターネット広告媒体費 詳細分析」より

　図3は**2019年に1兆6630億円**に達したインターネット広告の内訳です。ここ数年、存在感を増しているのはYouTube（ユーチューブ）一強のところに中国の TikTok が急浮上してきたビデオ広告。たった1年で約1000億円も規模が拡大しています。

　とはいえ、いまだにネット広告のマジョリティといえば、**検索連動型広告（約40%）やディスプレイ広告（約33%）**です。

　検索連動型広告も今では Google の一強になってしまいましたが、ネットの検索画面にワードを入力すると、それに連動して検索画面上位に表示される広告などがこのジャンルです。

　ディスプレイ広告は Yahoo!JAPAN などメジャーなポータルサイトなどのトップやサイドバナーに表示される広告などです。

　さらに、あなたが PC でサイトを閲覧したり、スマホでニュースを見たり、Facebook や Twitter など SNS を利用しているときに、**あなたの閲覧履歴など個人情報に基づいて表示される広告**も

図3　インターネット広告媒体費の推移と種別ごとの構成比

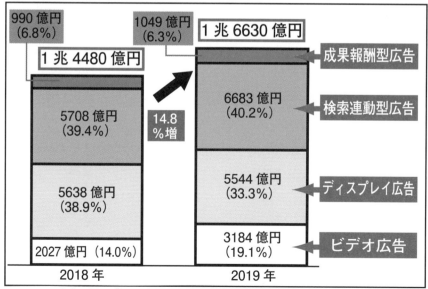

出典：電通「2019年 日本の広告費 インターネット広告媒体費 詳細分析」より

ディスプレイ広告の一種（というか、こちらがマジョリティ）です。2020年以降はコロナによる巣ごもり消費でますます伸びています。

　こうした検索連動型広告やディスプレイ広告は、大手企業などのお金持ちの広告主が直接出すもので、アフィリエイトとは関係ない、と思われているあなた！

　その思い込みは「サハラ砂漠が世界で一番広い」という「誤解」と同じです。実はいまだにネット広告の８割を占める検索連動型広告、ディスプレイ広告の中にこそ、僕が主戦場としている「アドアフィリ」という手法で使うアフィリエイターによる広告も含まれているのです。

　そして、図３の一番上にある**「成果報酬型広告」**こそ、僕が日々、収穫を楽しみにしているアフィリエイト広告そのものです。

　実はここに記載されているのはアフィリエイト市場の一部でしかなく、そのため、インターネット広告全体に占める割合もそれほど大きくはありませんが、2018年の990億円から**2019年の1049億円**まで、着実に増えています！

　そして、この1049億円というパイの中から、僕は毎月1000万円以上の成果報酬を受け取っています。

　当然、約1000億円のうちの一部は成果報酬型広告を手がけるASPと呼ばれる広告代理店が懐に入れることになります。

　しかし、成果報酬型広告の「主役」が僕らアフィリエイターである以上、僕ら全員で手に入れることができる国内の報酬総額はマックス1000億円もある！　といっても過言ではないのです。

　サッカーくじの「toto BIG」のキャリーオーバーは今、サイトで調べた時点で11億2904万円ありますが、その約100倍に相当する巨大市場。それを動かし、そこから収穫を得ているのが僕らアフィリエイターです。少なくともtotoくじを買うよりも断然、

可能性はある、と思いませんか？

　今後、インターネットやスマートフォンを超えるような広告メディアが突然、発明されるでしょうか？

　それどころか、世界では５Ｇの次に６Ｇ通信が普及し、量子コンピュータが開発されてＡＩ（人工知能）がもう少し賢くなり、スマホを超える画期的なＡＲ（拡張現実）機器が開発される時代も近いでしょう。

　自動運転技術が完成して、自動車に乗りながら運転もせず、フロントガラスに映る３Ｄネット映像をあくびをしながら眺めていられる日は目前に迫っています。

　そう考えると、これから10年、20年経ってもやっぱり、

「ネット広告は永遠に不滅です。だからこそアフィリエイトも不滅です」

と今のところは言えるのではないでしょうか。

　2020年の新型コロナウイルス感染症の蔓延でネット社会はますます隆盛を極めそうです。

　そんなときに「アフィリエイトは終わりだ」といっていては、目の前にある大金をみすみす逃すも同然です。

4000億円突破目前。アフィリエイトは右肩上がり

- -

　次ページの**図4**は、ある経済研究所が発表しているアフィリエイト広告の市場規模の実績と予測を参考に作成しました。
「世界で一番大きな砂漠はどこにある？」というクイズの答えがもうおわかりのように、このグラフを見れば、**「アフィリエイトがもう終わりどころか、これからさらにおいしい展開が待っている」**ことが一目瞭然です。

　データを見ればわかるように、日本人の給料はずっと右肩下が

はじめに

第1章

第2章

第3章

第4章

第5章

第6章

りなのに、アフィリエイト広告の市場規模は右肩上がりが今後も続きそうです。

　だったら、そこで稼がないことには、僕のような高校中退のド凡人をはじめ、多くの人が豊かな人生を送れないはずです。

　実際、**2020年度の3258億円（見込）まで4年間で約676億円も増えた市場規模**はこれから先も右肩上がりで拡大を続け、**2022年には4000億円の大台に乗る**と予測されています。

　電通のインターネット広告市場の分析レポートで、2019年の成果報酬型広告市場は1049億円という記載でしたが、あれはアフィリエイト市場の一部しか反映されていない数字だったわけですね。実際、アフィリエイト広告の市場は、電通と取引のある大手ASPだけでなく、「クローズドASP」も多数存在しているのです。

　さぁ、これが事実です。

　このような事実を見れば、「アフィリエイトはもう遅い、オワ

図4　国内アフィリエイト市場規模の推移と予測

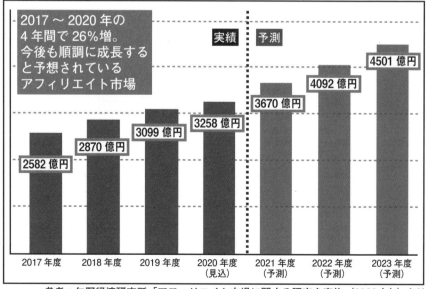

2017 〜 2020 年の
4 年間で 26％増。
今後も順調に成長する
と予想されている
アフィリエイト市場

実績　予測

2582 億円
2870 億円
3099 億円
3258 億円
3670 億円
4092 億円
4501 億円

2017 年度　2018 年度　2019 年度　2020 年度（見込）　2021 年度（予測）　2022 年度（予測）　2023 年度（予測）

参考：矢野経済研究所「アフィリエイト市場に関する調査を実施（2020 年）」より

コン」という指摘が妄想や勘違いだということがわかるでしょう。

にもかかわらず、なぜ、こんなにも有望で右肩上がりの成長が続くアフィリエイトについてネガティブなイメージが多いのか？

それは、「アフィリエイトは稼げない」「難しい」「効率が悪い」といった記事をネット上に配信しているアフィリエイターが数多くいることを示しています。

当然、アフィリエイトを始めてもうまくいかずに稼げない方もいます。そういう人は、**自分が稼げない理由を自分のせいではなく、アフィリエイトのせいにしてしまいがち**です。

たとえば、あるブロガーがブログを毎日せっせと書いて相当な努力をして半年頑張ったのに、アフィリエイトの収入が500円に満たなかったら、どういう行動に出るでしょうか？

その人から見たら「アフィリエイトは500円しか稼げない、だからオワコン」ということになるので、当然ながら、ブログやSNSでアフィリエイト批判の書き込みをするでしょう。

すると、それを見た一部の人々は「アフィリエイトは稼げない」という書き込みを「事実」として信じて、同様の書き込みをネット上に吐き捨てます。

すると、その言葉を信用する人が出てきて……。

これこそネット上に「デマ」がはびこりやすい理由です。

その原因は情報を発信する側だけでなく、情報の受け手の側にもあります。

みんな、ネットに書かれていることを「真実」だと鵜呑みにしやすいのです。

やはり、今、僕が示したような広告代理店や経済研究所がきちんと調べて発表しているネット広告やアフィリエイトに関する最新データなどにも自分なりにきちんとアクセスして、正しい情報はどこにあるのか、自分自身で確かめることも必要です。

はじめに

第1章

第2章

第3章

第4章

第5章

第6章

間違っている情報を信じてしまうと、せっかくのチャンスをつかむこともできませんし、「副業で収入を増やす」という大きな目標にもいつまで経っても到達できません。

　ネットの中のネガティブな記事だけを信じてしまうのは本当に危険なのです。先入観が固定観念に変わって、それがネガティブなものになるとみすみすチャンスを逃しかねないのです。

　やるべきことは「アフィリエイトが終わり」などと嘆くことではありません。「じゃあ、どうやったら、右肩上がりの市場で賢く稼ぐことができるか？」を一生懸命考えたほうがより建設的といえるでしょう。

　世界一、広大な「砂漠」が南極のかなたに静かに広がっているように、**アフィリエイトの世界はどんどん進化**しており、その進化と拡大のスピードについていかないと、せっかくの貴重な収入をみすみす逃してしまうことになるのです。

　もしインターネットの発展や普及がこれからも続き、ポストコロナのDXの波に乗って「ラクして半永久的に稼ぎたい」と思っているなら、あなたはまずはアフィリエイトを始めるべきなのです。

第2章

それでもあなたは YouTuberを 目指しますか? 「アドアフィリ」こそ 最強な理由

はじめに

第1章

第2章

第3章

第4章

第5章

第6章

最近流行りの YouTuber の現状とは？

　第1章では給料が上がらない時代、副業収入を確保していないと快適な人生は送れない、だからこそITの知識やノウハウをアフィリエイトから学ぶことが大切だという話をしました。

　この章では、より具体的な「S級アフィリエイト」の考え方、やり方について解説していくことにしましょう。

　僕が所属する株式会社アリウープは2006年の設立以来、ずっとアフィリエイト業界を見てきました。

　アフィリエイトは決して机上の空論ではありません。

　ネット上にはさまざまなお金儲けの方法が転がっていますが、**アフィリエイトは「最も早く、かつ、最も簡単にインターネットをお金のなる畑に変える手段」**だと僕は確信しています。

　というと、「でも、**YouTube**のほうが稼げそうだ」と思われる方もいるかもしれません。

　「ネットで億万長者」というと、一般の方がまずパッと思い浮かべるのは**「YouTuber（ユーチューバー）」**ではないかと思います。

　最近、ネットニュースのみならず、テレビ、書籍などオールドメディアの世界でも、チャンネル登録数が数百万人超、動画再生回数が数億回以上といった花形YouTuberが脚光を浴びています。

　国内YouTube関連のニュースやランキングを扱うサイト「yutura（ユーチュラ）」によると、2021年4月時点のYouTubeチャンネル登録者ランキングの1位はキッズチャンネルの「せんももあいしーCh」で990万人、2位は実験やドッキリネタなどが多い「はじめしゃちょー」の915万人、3位は商品紹介がメインで一般的には一番有名といえる「HikakinTV」で910万人になっ

ています。

その他にも、同級生グループで学生ノリのチャレンジやドッキリ動画などを配信する「Fischer's（フィッシャーズ）」「東海オンエア」、中国 ByteDance（バイトダンス）のショートビデオアプリ TikTok 上での体を張ったギャグ動画が受けて、YouTube でも人気急上昇中の「junya.じゅんや」など、実にさまざまなタレントが出現し、下克上のように動画再生回数の覇権争いを繰り広げています。

YouTube の広告収益は再生回数１回につき0.1〜0.3円程度といわれていて、人気 YouTuber になるほど Google が支払う広告料も高くなるようです。

仮に１再生0.3円とすれば、１億回再生されて3000万円の収益になります。**再生数が５億回超になれば、余裕で１億円は達成**できるでしょう。

億万長者を次々に輩出していることもあり、いまや YouTuber は小学生男子、中学生男子の「将来なりたい職業」ランキングの上位に必ず挙がるほどの人気職業になっています。

そりゃ、おもしろいことだけやって億万長者になれるなら、誰だってなりたいと思うでしょう。

テレビや映画に比べれば元手もかからないため、今では芸能人や有名人の間でも YouTube 進出が加速。

オリエンタルラジオの中田敦彦さんの「YouTube 大学」、江頭２：50さんの「エガちゃんねる」など、多くの芸能人が大挙してYouTube チャンネルを開設しています。

その結果、何が起こっているか？

一言でいうなら**「過当競争」**です。さらに、**コンテンツの過激化や幼児化、陳腐化**も進んでいるように思えます。

はじめに

第１章

第２章

第３章

第４章

第５章

第６章

UUUM の株価低迷に見る YouTuber の未来

　みなさんは **「UUUM（ウーム）」** という会社をご存じでしょうか？

　YouTuber では知名度 No.1といえる HIKAKIN さんやはじめしゃちょーさんなど、人気 YouTuber のマネジメントやプロモーション、有名企業の商品コラボ企画を手がける YouTuber の事務所です。

「YouTuber がこれだけもてはやされているから、さぞかし儲かっているだろう」と思われる人も多いでしょう。

　確かに2021年5月期の第3四半期時点（2021年2月末）で、UUUM は327組の専属クリエーターを抱え、登録者数100万人超のチャンネルを58組もマネジメントしています。

図5　YouTuber マネジメント会社・UUUM の株価

　しかし、**UUUMの株価を見ると、コロナ禍に見舞われた2020年以降、低迷**が続いています（図5）。

　その理由は同社の売り上げの約6割を占める YouTube からの広告収益が2019年3〜5月の四半期に計上した34.8億円から頭打ちになっているから。最新の2021年5月期の第3四半期（20年12月〜21年2月）は約36億円超まで再び拡大しつつあるようですが、コロナ禍で一般企業の広告出稿やイベントが減少して UUUM 全体の営業利益も減少したため、株価も低迷を続けています。

　株価が上がらない長期的な理由は、一つには YouTube を始める著名芸能人やお笑いタレント、俳優、文化人などが続出し、**パイの奪い合い**になっていること。

　もう一つは、同社が YouTube を運営する Google からの広告収入に売り上げの6割を依存しているため、Google が広告単価を引き下げれば、それにつられて収益が落ちてしまう**「Google頼み」**の収益構造になっている点にあります。

　それでも YouTube からの収益が3か月で36億円超というのはすごい、と思いますし、UUUM の今後の成長と発展に期待したいです。

　ただ、一ついえるのは、「ネットでお金を稼ぎたい」という人にとっては憧れの的である、**YouTuber など「インフルエンサー」と呼ばれる人々の間では、今、ものすごい競争が起こっている**ということです。

YouTuber などインフルエンサーで稼ぐのは困難

　そんな弱肉強食の世界に、僕自身がそうであったように、なんのコネも才能もない一般人が参入したからといって、果たして稼げるでしょうか?

はじめに

第1章

第2章

第3章

第4章

第5章

第6章

芸能人、有名人ならともかく、まったく無名の人間がYouTubeやInstagram、Twitter、TikTokで数万人クラスのフォロワー、チャンネル登録者を獲得するには、並大抵の努力や才能では不可能です。

　少なくとも1年、2年は一銭のお金にもならないけど、毎日のようにおもしろ動画やおしゃれ写真、タイムリーなツイートを発信し続けない限り、注目を浴びることはないでしょう。

　いや、それぐらい努力しても、報われる人は100人に1人もいないでしょう。

　はっきりいって、才能がない人はいくら頑張っても報われない世界です。

　しかも、HIKAKINさんクラスならともかく、今を時めく多くの花形YouTuberが10年後も「人気YouTuber」の地位を維持して、今と同じように大金を稼げているでしょうか?

　毎日毎日、数百万の視聴者を魅了できるようなコンテンツを量産することができるでしょうか?

　はっきりいって、今稼げているYouTuberがこれから1年、2年稼ぎ続けるかどうかもわからないほど、**浮き沈みの激しい世界**です。

　当然、**自分の日常で起こった、他人にとっては「どーでもいいプライベート情報」を垂れ流し**にしても、誰一人、見向きもしません。

　「人気YouTuberになりたい!」と声を出して他人にいえるのは、高校生まで。**ネット上に大々的に顔をさらしたり炎上して一瞬で今まで築いたステイタスを失うリスク**を考えると、立派な大人が口にするのは、ちょっと恥ずかしいものがあります。

　もちろん、本業や趣味の世界から派生した、かなり高度な発信力があれば、YouTuberをはじめとした「インフルエンサー」と

して成功できるでしょう。

でも、もしそれほどの発信力がすでにある人なら、YouTuber
になる以前に、その才能やこれまでの経験、専門知識を生かして、
すでに他の副業・兼業でも十分に成功しているはずです。

本業である程度稼いでいて、さらにプラスアルファの収入が欲
しい、でも人気YouTuberになれるほどの得意ジャンルもセー
ルスポイントもない……という人には「インフルエンサーになっ
てネットでお金を稼ぐ」という選択肢は現実的とは思えません。

すぐにでも副業・兼業で結果を出したいという人にとって、ま
ったく報われない努力をえんえんと続けて結局、報われずに終わ
ることほど虚しいものはありません。

時は金なりです。

「ネットで稼ぐ」の代名詞、無料ブログはどうか？

人気YouTuberやカリスマInstagrammer（インスタグラマー）
は無理かもしれないけど、**ブログをこつこつ続けていれば、**いつ
かはサイドバナーに貼りつけたアフィリエイト広告をクリックし
てくれるお客さんも現れて、徐々にお金が稼げるようになるはず、
と考えている人も多いでしょう。

おそらく、「ネットで副業」というと、「アメーバブログ」「FC２
ブログ」「はてなブログ」など、**無料でいつでも始められるブロ
グサービス**を思い浮かべる方が多数いらっしゃると思います。

確かにYouTubeは動画編集という難易度の高い作業が必要で
すし、Instagramでは人がうらやむ容姿や体形、セレブ感あふれ
る日常の風景など「映える」写真が不可欠です。

Twitterで数十万のフォロワーを獲得するには、突出した専門
分野の知識や情報、人の目を引くマンガやイラスト、料理のレシ

はじめに

第1章

第2章

第3章

第4章

第5章

第6章

ピなどを駆使した日々の発信が大切です。

それらに比べると、**ブログは誰でも始められる一番簡単なデジ
タルメディア**です。

では、そもそもブログをこつこつ続けて、多くの人に読んでも
らうことから得られる収入にはどのようなものがあるのでしょう。

これは超有名 YouTuber を抱える UUUM が「Google AdSense
（アドセンス）」からの広告収益に依存しているのと、さほど変わ
りません。ブログを書くことで最も期待できる収益は、Google
や Yahoo! JAPAN、Amazon などが提供しているバナー広告か
ら得られる広告収入です。

その2本柱といえるのが、

● **クリック課金型広告**

● **成果報酬型のアフィリエイト**

になります。クリック課金型広告として有名なのは、PC 上で
は**「Google AdSense」**や**「Yahoo! アドパートナー」**など
です。

いずれも、ブログ上に貼りつけた Google や Yahoo! JAPAN 提
供の広告を、サイトを訪れたお客さんがクリックすれば、1 クリ
ックにつき数円～数十円程度の広告収入がもらえるという仕組み
になっています。

たとえば、Google AdSense では、クリック数に応じて広告主
から広告料を徴収し、当然ですが上前をはねたうえで残りをサイ
ト運営者に分配してくれます。どんな広告が表示されるかは、お
客さんのネットでの閲覧履歴や購買行動などから Google が判断。
最もクリックしてくれそうな広告が表示されるよう、Google サ
イドで最適化してくれます。

広告をクリックしてくれない限り、利益を上げることができな
い場合が多いので、Google にしても Yahoo! JAPAN にしても、

広告を提供する側は総力を挙げて**自社が開発したアルゴリズムや AI分析を駆使**。「クリックされやすい広告」を勝手に表示してくれます。

　ブログ運営者からすればGoogleやYahoo! JAPANにお任せするだけで済むというわけです。

　とにかく、あなたがやるべきことは、ブログをたくさんのお客さんに読んでもらって、その中からなるべく多くの人が広告をクリックしてもらえるようなサイトや記事を作ることだけです。

ブログ更新の費用対効果は「徒労」に近い!?

　しかし、あなたはPCやスマホでネットサーフィンしていて、どれぐらいの広告を実際にクリックしますか？

　表示される広告はAIが選んでいるとはいえ、すでに購入した商品だったり、先読みしすぎでまったく見当違いの広告であることも多く、**実際のクリック率は1%にも満たない**のではないでしょうか。

　確かに広告主にしてみれば、100人に1人がクリックしてくれれば御の字です。クリック率1%ということは、その広告を見た100万人のうち、1万人を自社サイトに呼び込めるわけですから。その呼び込みを、たかだか1クリック10円程度の報酬でせっせとやってくれるブロガーやサイト運営者がいるのは大歓迎でしょう。

　しかし、クリックしてもらって広告収益を稼ぐブログ運営者の側からすると、**毎日毎日必死にブログを更新しても、広告のクリック数が日に数件、収益にして100円いや10円にすら満たない**ことも多いはずです。

　たとえば月に1万人のアクセスがあるブログを一生懸命作って、お客さんのうち5%がありがたくも広告をクリックしてくれた、

はじめに

第1章

第2章

第3章

第4章

第5章

第6章

としましょう。1クリックでもらえる収入が10円だとすると、収益は1万人×5％×10円で**月5000円**にしかなりません。

このことからもわかるように、ブログをしこしこ作ってクリック課金型広告だけでまとまった収入を得るためには、相当膨大な数のお客さんがあなたのサイトを見に来ないと難しいのです。

むろん、こつこつブログを続けて月間PV（ページビュー）が10万、20万まで増えてくれば、ブログ内に広告を貼りつけておくだけで、黙っていても稼げるのがクリック課金型広告の魅力です。

そういう意味では、すでに**月間数十万PVレベルまで、自らのブログを大きく「育てきった」人が得られる特権的な収入、それがクリック課金型広告**といえます。

いわば、駅近で人気スポットになった、人の出入りの激しい集客力のあるビルのオーナーなら、定期的に高額の賃料収入をゲットできるようなものです。

では、まだブログを始めたばかりでお客さんがほとんど訪れず、ブログ自体にまったく集客力のない人はどうすればいいのか？たくさんの人を集めるために、1年、2年、3年とこつこつブログを書いて、お客さんを呼び込み、そのステイタスを維持するために日々、コンテンツを追加する努力を重ねなければなりません。

それでは効率が悪すぎます。

同じネットで稼ぐにしても**「努力は最小限に、成果は最大限に」**という発想を常に持つことが重要なのです。

努力の仕方を間違えると報われない

努力をするのは大変、素晴らしいことだと思います。

父の病をきっかけに高校を中退してしまった僕もひたすら「努力」しました。持っている正式な肩書は「中卒」で、勉強もまっ

たく得意ではなく、かといって世渡り上手というわけでもない僕が、人並みにお金を稼げるようになるには、ひたすら「努力」するしかありませんでした。

　ただし、月額報酬1000万円のアフィリエイターになることができた今でも、

「自分は才能も足りないし、他人の2倍努力する根性もない」

と常々、痛感しています、

　そんな中途半端な僕がいうのも僭越ですが、僕の人生経験上、一ついえるのは**「努力は大切。でも、努力には正しい努力と、正しくない努力がある」**ということです。

　よく「努力すれば報われる」といわれますが、僕はその言葉にかなり大きな違和感があります。

「世の中には報われない努力もあるのではないか」「努力にも才能があって、**自分がぐんぐん成長できるような『正しい努力』をいとも簡単にできてしまう天才**と、**いくら努力してもまったく結果が出ない凡人**がいるのではないか」と僕は思っています。

　当然ですが、僕はド凡人のほうです。

　この話をアフィリエイトでの成功に置き換えてみましょう。

　通常、ネットなどアフィリエイト業界では、

「一生懸命ブログを書いていたら、いつの間にかPVも増えて、アフィリエイトで稼げるようになる」

というのが正しい努力、正しい成功の道のように思われています。

　しかし、高校中退後、月収17万円の派遣労働に絶望して、これではいけない、ネットで副収入を得ようと悪戦奮闘した駆け出しのアフィリエイター時代、僕は自分なりに努力しました。しかし、その努力はそれほど報われませんでした。

　そこで僕は考えたのです。

はじめに

第1章

第2章

第3章

第4章

第5章

第6章

「自分の努力は間違った努力ではないか」と。

　むしろ、

「むやみやたらと何も考えずに努力するのではなく、**『なるべく努力しないで結果を出せる方法』を考えることだけに集中して努力を投入したほうがいいのではないか』**と。

井口式S級アフィリエイトは「引き算」思考

- -

　努力しても努力してもまったく報われない。そういった負のスパイラルにはまっているブロガーのみなさんはおそらく「間違った努力」をしているのだ、と思います。

　そういう人にはぜひ、インターネット、そしてアフィリエイトの本質をわかっていただきたい。本質を理解していないから、せっかくの努力が無駄になるだけで、「作業そのもの」はむしろ尊敬に値します。

　だって、一銭の収入にもまだ結びついていないのに、毎日、汗水垂らしてブログやサイトの情報を更新し続けているわけですから。

　その一方で、月間億単位の収入を上げているカリスマアフィリエイターのお話を聞くと、

「えっ、そんなことだけで月に億単位も稼げるの？　ウソだろ⁉」

　と感じることがしばしばです。

　成功している人の努力がことごとく「えっ、そんなことだけで！」というものばかりなので、自然と僕は、

「稼ぐ人になればなるほど、無駄な努力をしない」

　と思えるようになりました。

　ここでいう「無駄な努力」とは、「成果に直結しない、すべてのコト」を指す言葉と考えてください。

　成果につながらない努力をいくら続けたところで成功すること
はありえない。無駄な努力なのだから当然、無駄に終わってしま
う……。

　悲しいかな、それが現実なのです。

　「無駄なことをする」というのは、簡単にいえば「時間を浪費す
る」ことだといえます。

　僕たち人間の経済活動というのは、基本的に、「時間＝命の一部」
を差し出して対価を得る行為です。

　世の中の大多数を占める「サラリーマン」や「個人事業主」「主
婦」といった方々は、通勤や仕事、家事などを通じて、自分自身
の時間……要は「命そのもの」を誰かに差し出して対価を得てい
るわけです。

　一方、無駄な努力というのは「限りある命そのものを費やして
も一向に対価が得られていない」状況です。

　少し大層な話になってしまいましたが、無駄な努力ほど意味の
ないものはありません！

　努力するのは正しいことですが、無駄な努力はなるべくしない
ことも大切。つまり**「引き算」の発想**こそ、井口式のＳ級アフィ
リエイトにとって必要不可欠な志向なのです。

　では、たくさんの努力の中から、いったい、何を引くのか？

　決まっているじゃありませんか。

　多くの無料ブロガーが苦しみ、挫折している**「ブログをこつこ
つ書いて、一からお客さんを必死に集める努力」**です。

　苦労を重ねて努力しても、まったく報われず、徒労に終わるこ
とが非常に多い**「初期集客」の努力**と言い換えてもいいでしょう。

　この考え方を根底においてアフィリエイトを考えていくと、ア
フィリエイト初心者が最初にやるべきことは、やはり**「アドアフ
ィリ」**という結論になります。

はじめに

第1章

第2章

第3章

第4章

第5章

第6章

第1章でも少し触れたように、インターネットに限らず、ビジネスにおいて宣伝や販売促進、すなわち**「アド＝広告」は必須スキル**です。

アドを知らないビジネスマンなんて、メスを握ったことがない外科医と同じといってもいいでしょう。

とにかくインターネットが「広告収入」を中心に回っている以上、リスティング広告やディスプレイ広告などアド運用型のアフィリエイトを学ぶこと＝正しい努力といえるのです。

15人に1人は月収100万円超。アフィリエイトの実力

アフィリエイトは**最速、最短かつ最小の努力**で「インターネットでお金を稼げる」手段だと僕は確信しています。

そこで、まずはアフィリエイトでお金を稼ぐための基本について解説しましょう。

アフィリエイト広告は、基本的に自分が運営するブログやサイトに広告主から提供してもらった広告を表示し、サイトを訪れたお客さんがサイト内の広告をクリックして、商品やサービスを購入したり、有料会員登録をしてくれると、その収益の一部が成果報酬として支払われる仕組みです。

単純にクリックして広告主のサイトに飛んでもらうだけでも報酬が得られるクリック課金型もありますが、より大きく稼ぎたいなら**成果報酬型を狙うのが基本**になります。

アフィリエイト広告を仲介しているのは、あとでも詳しく説明しますが、**ASPと呼ばれる「広告代理店」のような会社**です。

広告主はこのASPに宣伝してほしい商品の広告を依頼し、ASPは登録した僕たちアフィリエイターに商品の広告リンクを

提供します。

　アフィリエイターは広告リンクを自分のサイトに貼りつけて、お客さんがその広告をクリックして、商品やサービスを購入すると報酬が得られます。

　成果報酬は数千円から時に数万円に達するものもあり、やはり「ネットで効率よく、最速で収益を上げる」という面で、アフィリエイトは最強の手段といっても過言ではありません。

　むろん、アフィリエイト広告の世界には**悪質な業者も多く、それがアフィリエイトのイメージを悪くしている面**があります。

　そんなアフィリエイト市場をより善良で健全なものにするべく、アフィリエイターが守るべきガイドラインなどを策定する啓蒙団体に、**特定非営利活動法人（NPO法人）アフィリエイトマーケティング協会**があります。

　この協会は毎年、実際にアフィリエイトで収入を得ている僕たちのようなアフィリエイターに「アフィリエイトプログラムに関する意識調査」を実施しています（https://affiliate-marketing.jp/invest/）。

　次ページの**図6**に示した最新の2020年の調査をご覧ください。2846人のアフィリエイターに「アフィリエイトでの1か月の収入」を聞いたところ、月収が1000円未満の人は50％弱でしたが、月に100万円以上稼いでいる人はなんと6.5％もいました。僕もまたこの層に属します。つまり、100÷6.5＝15.38ですから、**15人のアフィリエイターがいたら、そのうちの1人は月100万円以上、稼いでいる**わけです。

　「15人のうちの1人」と考えると、なんだか希望が湧いてきませんか？

　「アフィリエイトなんて稼げない」「月5000円稼ぐのだって至難のワザ」と盛んにいわれていますが、図を見てもわかるように、

はじめに

第1章

第2章

第3章

第4章

第5章

第6章

約4割の人は月5000円以上稼げています。

　ネット上にはさまざまなことが書かれていますが、このアンケート結果こそが「事実」です。世界で一番大きな砂漠は南極にあるのです。

　いかに世間の話題が「主観（勝手な妄想）」で語られているかがわかると思います。

　しかも、15人に1人の月収100万円超えの人の多くは、僕自身がそうですが、必死に毎日ブログを更新しているわけではないと思います。

「稼げるページ」をたったの1ページ作るだけで、そこからお客さんをアフィリエイト広告に巧みに効果的に誘導することで「寝ていても」お金が入ってくる仕組みを作っているはずです。

　こうしたアフィリエイト広告主のサイトにお客さんを誘導するページのことを**「記事LP」**と呼びます。LPは「Landing Page（ラ

図6　アフィリエイターの1か月の収入はいくらか？

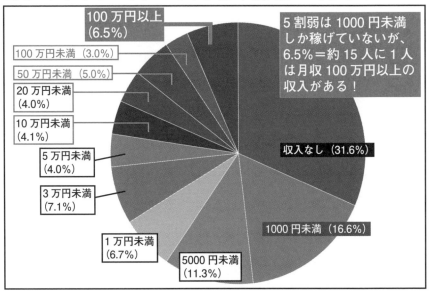

出典：アフィリエイトマーケティング協会「アフィリエイト・プログラムに関する意識調査2020」より

ンディングページ）」の略です。

　次ページの**図7**が僕の作った記事LPの例です。どうですか？シンプルそのものですよね！

　アフィリエイトで月収100万円以上稼ぐコツは「どれぐらい頑張らないか」。ここがわかっているからこそ、たった1ページの記事LPでも、成果報酬100万円を稼ぐことができるのです。

一度作ったらほったらかしでも儲かる記事LP

　YouTuberにせよ、ブログにせよ、動画や日記の更新は最低でも1週間に1度ぐらいしないと、チャンネル登録者数やサイトの閲覧者数が持続的に増えることはないでしょう。

　YouTubeが公式発表している推奨更新頻度は月間12本の動画公開。つまり3日に1回の更新頻度ですから、最低でもその基準を満たさないと、そもそも戦えないのは明白です。

　だからこそ、多くの人が**「毎日更新」**しているわけですね。

　コンテンツでお客さんを呼び込むには、手を替え品を替え、無駄に終わる可能性の高い努力をし続ける必要があります。

　視聴者や閲覧者を飽きさせない企画を日々考えるのは大変な作業です。YouTubeの場合、映像制作やチャンネル内で取り上げる商品などの購入代金など、動画作成コストもバカになりません。

　それはYouTubeに限らず、Instagram、Twitterやブログも同じ。基本は**一から苦労してコンテンツを作成し、客寄せを行うスタイル**です。お客さんを呼び込むためには、日々、コンテンツを更新しなくてはいけません。

　もし「ネットでお金を稼ぐ」ということだけが目的なら、何本も動画や記事を作る努力それ自体が無駄じゃないですか？

　ネット上には、動画編集やウェブ制作、イラスト制作、翻訳と

図7　アドアフィリで使う記事 LP の例

見出し

離婚調停でのトラブル続出中！？
離婚時に「住宅ローン」があるなら今すぐやっておくべき事とは？

実は、アドアフィリで結婚が誘をよさてしまった。

しかし、離婚後には住宅ローンが残っている・・・。

そこで、すぐにやっておくべき事があります。

知っているかどうかで、いざ離婚の手続きを進めることになった際、トラブルに免責する可能性が大きく変わってきます。

今やっておくと、きっと得策しますので、ぜひ今すぐやっておきましょう。

アドアフィリなら
たった1ページの
記事 LP で集客可能。
効率よくアフィリ
エイト報酬を稼げる

ホームの正確な契約状況と「価値（正確な数値化）」を知る

簡単に言うと、知っておくべきことは以下の2つです。

- マイホームの価値
  （具体的な金額として数値化）
- 住宅ローンの契約状況
  （誰が払っていて幾ら残っているのか）

記事 LP 本文

どちらも、今すぐ自宅でカンタンに調べられるので、以下の記事を読み進めながら確認してみましょう。

● （1）マイホームの価値を知る

簡単に言うと「家を売ったらいくらで売れるのか？」ということを知っておく必要があります。

仮に家を売るつもりはなく、どちらかが住み続けるという選択をする可能性があったとしても、必ず知っておかなければなりません。

なぜなら、財産分与などの話し合いで必要になる可能性が高いからです。

イラスト、写真
などで演出

自宅の価値を調べる具体的な方法としては、不動産業者に査定をしてもらうことで分かります。

スマホでもポチポチとカンタンに調べられますし、必ずしも家に来てもらう必要はありませんので、忙しい時でも気軽に利用できてしまいます。

また、査定額は業者によって大きな差が出てしまいます。

例えば、その差が平均で575万円という利用者の調査結果もありますので、とりあえず査定でマイホームの価値を把握する場合であっても、複数業者に査定を依頼することは必須だと言えそうです。

●そこで、こちらの無料査定サービスを見てみましょう。

広告主サイト
へ誘導

いった事業を請け負って対価を得るようなクラウドソーシングという副業もあります。しかし、こうした副業にも**自分が仕事をした分だけしか収入がもらえない、というデメリット**があります。人間、24時間ずっと働くことはできませんし、同時に複数の仕事を2つも3つも進めるのは無理。労働を請け負う形のネット副業にはおのずと**「限界収益」という天井**が出てきてしまうわけです。

その点、「明確にこのアフィリエイト商品を売るためだけの記事LP」を作るのにはお金も時間も大してかかりません。「ひたすらアフィリエイト広告にお客さんを誘導する」という目的がはっきりしているので、余分なコンテンツを作成する手間暇も不要です。さらに、一度作った記事LPはアフィリエイトしている商品に関心を持つお客さんがいる限り、更新する苦労や手間もほとんどかかりません。

インターネットで稼ぐならストック型を目指す

ビジネスや資産運用の世界で収益を得る方法には**「フロー型」**と**「ストック型」**があるといわれます。

フロー型ビジネスの特徴は**「売り切り」**。たとえば、小売店であれば、お客さんがふらっと店に立ち寄って、商品を買ってくれることで商売が成立します。お客さんが商品を買ってくれるかどうかはその時々の状況次第です。

ビジネスが成り立つかどうかはひとえに、「お客さんがそのとき、買いたいと思うかどうか」にかかっていて、取引は毎回、商品を売り切ることで終了してしまいます。

お店側としては、新しいお客が来るよう、毎日、毎日、お客の呼び込みに精を出さないといけません。

投資の世界では、株式投資やFXトレードなどがフロー型の資

はじめに

第1章

第2章

第3章

第4章

第5章

第6章

産形成といえます。株で儲けるためには「安く買って高く売る」が基本ですが、いったん売ってしまったらまた新たな取引をしない限り、再び儲けることはできません。

　一方、**ストック型ビジネスの特徴は「継続購入」**です。水道光熱費や携帯電話の料金はいったん顧客との契約が成立すると、黙っていても、毎月、銀行から自動引き落としされます。

　それまでは一回売ったらそれで終わりだったフロー型の商品を、定期的に買ってもらったり、宅配するサービスもストック型といえます。

　投資の世界なら不動産や太陽光発電、高配当株投資などがストック型です。アパートの大家さんになれば、遊んでいても毎月、賃料収入が入ってきます。日本の金持ちの大半は土地持ち、といわれるのもわかるような気がしませんか？

　もし、あなたが自分のサイトを"永遠に収穫できる畑"にしたいなら、ぜひとも「フロー型」ではなく**「ストック型」サイトの作成を目指す、という発想**を持ってください。

　ブログ一つとっても、日々の出来事を時系列で書いていって、いったい、誰が1年前にあなたが書いたその日の出来事を振り返って読みますか？　そんな暇人は絶対にいません。

　もし投資をテーマにブログを書きたいなら、「今日いくら儲かった」といった日記ではなく、「不動産投資を始める手順」とか「米国株の定番10銘柄」とか、**時間が経っても腐らないテーマ**について体系的に図鑑チックに記事をまとめたほうが、時を超えて幅広い読者を獲得できるでしょう。

　自分が何を書きたいか、ではなく、誰が読むか、を考えて書くべきなのです。

　ただ、それさえ、小手先のテクニックでしかありません。

　ブログを毎日書いたり、YouTube や Instagram を毎日更新し

ていること自体が骨の折れる、労多くして実り少ない作業です。

目指すべきなのは、「労多くして実り少なし」ではなく、「労少なくして実り多し」。

それを可能にするS級アフィリエイトこそ、本書のメインテーマである**「アドアフィリ」**です。

たった1ページの記事LPをサイトに掲載するだけで、その後、半永久的にアフィリエイト報酬を得られることほど楽なことはありません。

まさにネット大家さん。目指すのはその境地です！

成熟産業だからこその安定感と収益性が魅力

アフィリエイトには、

●パソコン一つで気軽にできる。

●コストがほとんどかからず、リスクも低い。

●歴史が長く成熟しているので安心感がある。

●そのわりには今もどんどん全体の売上高が伸びている。

といった利点があります。

しかも「アフィリエイトはオワコン」といった誤情報のために新規参入者は減少傾向にあります。

するとどうなるか？　アフィリエイトを信じて、やり続けている人だけが大きく儲けることができるようになります。

これこそ億単位のアフィリエイターが今、人知れず目立たないながら急増し、それほど才能がないこんな僕でも月間報酬が1000万円を超える月もある理由なのです。

はっきりいって**「伸びしろ」**がたくさんあります。

アドを使ったアフィリエイトのやり方を完全に理解できれば、そのスキルは本業にも役立つし、IT系の転職活動にも役立ちます。

はじめに

第1章

第2章

第3章

第4章

第5章

第6章

つまり、**「つぶし」**も利くということです。

　アドアフィリで磨いたウェブやアド広告のスキルを使って起業家になることも夢ではありません。

　「ローリスク・ハイリターン」の典型がアフィリエイトなのです。

ネットビジネスで最も大切な「集客」から考えよう

- -

　「アフィリエイトでなかなか稼げない」という悩みを抱えた人が多いのは、あなたの作っているサイトに多くの人が集まらないからです。

　これだけ、ネット上にたくさんのサイトがある以上、それは仕方のないことです。

　先ほど見たように、YouTube や Instagram でも状況は同じ。コンテンツの更新がお客さんの獲得や維持には必要不可欠です。

　つまり、**さまざまなインターネットメディアで一番大変なのは「集客」**だということ。中でも**「メディアを立ち上げた直後の初期集客」**、これこそ、ネットでお金を稼ぐすべての人々に立ちはだかる大きな壁です。

　先述したアフィリエイトマーケティング協会の2020年の調査でも、1か月の収入がゼロの人が31.6％、1000円未満しか稼げない人まで広げると、50％弱という結果でした。

　つまり、アフィリエイターの約半分がこういっては失礼かもしれませんが「負け組」に甘んじておられます。

　そして、月1000円未満しか稼げないアフィリエイターに立ちはだかっているのが、「努力に努力を重ねてサイトやブログを更新しても、全然アクセスが増えない」という大きな壁、なのです。

　では、**「初期段階の集客力のなさ」という壁**を超えるためにはどうすればいいのか？

この壁こそが、「月間収入1000円未満」の負け組（約50％）と、アフィリエイターの15人に1人はいる「月収100万円以上」の勝ち組を分ける、大きな差です。

そして、その差は決して努力だけで埋めることはできません。

じゃあ、どうすればいいのか？

「努力しない努力をするべき」というのが僕の答えになります。

「初期集客」という、多くのアフィリエイターが努力に努力を重ねても全然うまくいかず乗り越えることができなかった壁。そんな壁を正面突破でぶち破ろうとしても成功するはずがない。

その壁をよじ登ろうとするのではなく、**ヘリコプターで軽々と飛び超えてしまう発想**が必要だ！

それが「アドアフィリ」というアフィリエイト手法なのです。

アドアフィリとはいったい何か？

能書きがちょっと長くなってしまいました。

さぁ、ここからが本題です。

本書のテーマである「アドアフィリ」は月間報酬1000万円を稼ぐ僕も含め、おそらく月収100万円以上の勝ち組アフィリエイターの大半が使っているアフィリエイトの「逃げるが勝ち」の手法です。

「初期集客」という最も困難で、努力が報われないアフィリエイトの最大の難所をヘリコプターに乗って軽々と超えてしまう。

その手法を一言で簡単にいうと、**自分が作ったサイトをGoogle、Facebookといった巨大IT企業にお金を払って宣伝してもらう**ことで、アクセス数を一気に増やす「反則ワザ」になります。

「反則ワザ」というと物騒ですが、巨大IT企業の多くは広告収

はじめに　第1章　第2章　第3章　第4章　第5章　第6章

入で成り立っているため、彼らにしても僕たちアフィリエイター
が広告を使って自分のサイトに人を呼び込むことは基本、大歓迎
です。

　日本では何か問題が起きたとき、**「お金を払って解決する」** の
はどこかやましいことのように思われますが、そんなことはまっ
たくありません。

　**初期集客という困難を解消するために、無駄な努力の代わりに
お金を使う**、ということこそ、「努力しないための努力」です。

　アフィリエイトで稼げない一番の理由は断然「初期集客」の難
しさや「集客維持」の労力にあるのだから、そこには時間や労力
を一切かけず、お金で解決したうえで、その後のプロセスに全精
力を費やす、というのがアドアフィリの発想なのです。

ものすごいポテンシャルがある

　もしインターネットでアフィリエイトなり、ネット通販なり、
自社の商品やサービスの宣伝なり、とにかくなんらかの「ビジネ
ス」を行いたいと思っているなら、**「アド＝広告」こそ、必ず全
員がやるべき「正しい努力」** だと僕は確信しています。

　「アド＝広告」というインターネット上の広告運用のスキルをき
ちんと身につけることが、手っ取り早く、しかも劇的に、あなた
のサイトやブログを「お金のなる木」に変える第一歩になるので
す。

　第1章で見たように、世界はインターネットの進化によって急
成長を続けています。

　では、インターネットの盛り上がりとはいったい何なのか？

　ビジネスの実態に即していうと、それは**インターネット広告の
売り上げ拡大**以外の何物でもありません。いまやインターネット

向けの広告費がテレビ CM の広告費と肩を並べるまでに成長していることからもわかるように、**Google も Facebook も Yahoo! JAPAN も収益の大半をネット上に表示される広告**から得ています。

この意味がみなさんにはおわかりになるでしょうか？

昔はテレビなどの大きな媒体に企業の広告予算が集中していましたが、今ではインターネットを閲覧する無数の個人に対してピンポイントで広告出稿できる時代になりました。

規模や見る人の数からすればマスメディアであるテレビには遠く及びません。

しかし、ネットにアクセスする無数の個人の嗜好や行動履歴に合わせた広告を的確に出稿すれば、テレビというマスメディアを使っておおざっぱなターゲットに広告を流す以上の効果が得られることに、多くの企業が気づきました。

だからこそ、Google や Facebook は瞬く間に世界トップ10企業の仲間入りを果たすことができ、さまざまなネット広告を扱う新興企業が急成長を遂げているのです。

すでに広告主はネットが最強と気づいている

実際、電通の調べによると、2020年の国内の総広告費用は新型コロナウイルス感染症の拡大もあり、前年比11％減の 6 兆1594億円ですが、そのうち**インターネット広告はコロナ禍にもかかわらず前年比106％まで増加して2兆2290億円**に達しています。

一方、新聞、雑誌、ラジオ、テレビのマスコミ 4 媒体の広告費は 2 兆2536億円で、インターネット広告費がマスメディア向け広告費を上回るのは時間の問題になっています（**図8**）。

地上波のテレビ CM だけに限っていうと、すでに2019年にイ

ンターネット広告がテレビCMを追い抜いていて、2020年には衛星メディアを含めたテレビメディアの広告費が1兆6559億円に対して、インターネット広告費は2兆2290億円。すでにネット広告がテレビCMに大差を開けている状況です。

　新型コロナウイルス感染症の拡大は**ネット勝利、テレビ敗北という時代の幕開けをも意味**していた、ということです。

　コロナが収束しても、もうこの追い風は止まりません。コロナで根づいた新・生活様式のもと、インターネット広告はますます多種多彩に成長するでしょう。

　それではインターネット広告自体の内訳はどうなっているか？

　第1章でも紹介しましたが、最新2020年のネット広告の広告種別構成比を見てみましょう。

　右ページの**図9**は、電通が調査した2020年のインターネット広告の内訳ですが、成果報酬型広告が5.6%の985億円、検索連動型

図8　2020年の媒体別の広告費用

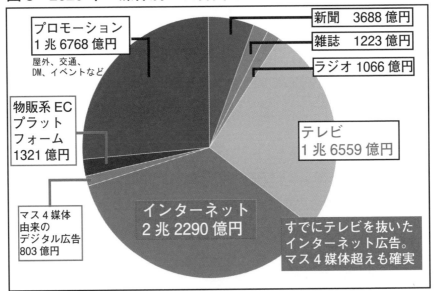

出典：電通「2020年 日本の広告費｜媒体別広告費」より

広告が38.6％の6787億円、ディスプレイ広告が32.6％の5733億円、ビデオ（動画）広告が22.0％の3862億円になっています。一番上の**成果報酬型広告**こそ、僕たちがこれから稼ごうとしている「アフィリエイト広告」そのものです。

全体の約４割を占め、最も比率の高い**検索連動型広告**は**「リスティング広告」**ともいわれ、GoogleやYahoo! JAPANの検索欄に検索ワードを入力すると、「PR」という文字とともに検索画面の上部や下部に表示される広告になります。

「アドアフィリ」で手っ取り早い集客を目指す場合、こちらは逆に僕たちが広告を出稿して、サイトへのアクセスを呼び込むための手段となる広告になります。

次の**ディスプレイ広告**は、バナー広告やコンテンツ連動型広告ともいわれ、閲覧しているサイトのコンテンツ内容やお客さんの閲覧履歴などからGoogleやYahoo! JAPANなどが最適と判断し

図9　2020年のインターネット広告媒体費の内訳

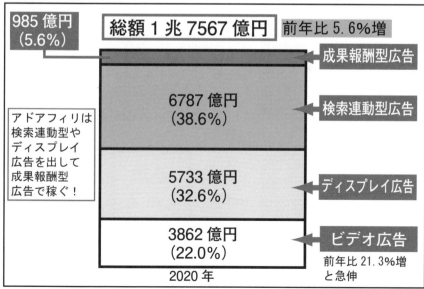

985億円
（5.6％）

総額1兆7567億円　前年比5.6％増

成果報酬型広告

6787億円
（38.6％）

検索連動型広告

アドアフィリは検索連動型やディスプレイ広告を出して成果報酬型広告で稼ぐ！

5733億円
（32.6％）

ディスプレイ広告

3862億円
（22.0％）

ビデオ広告

前年比21.3％増と急伸

2020年

出典：電通「2020年 日本の広告費 インターネット広告媒体費 詳細分析」より

た広告がお客さんごとに表示される仕組みになっています。

　リスティング広告は「検索ワードを入力する」という明確な購入意思を持った人をターゲットにした広告です。それに対して、バナー広告は明確な購入意思はないものの、「ひょっとしたら買うかもしれない」といった潜在的な購入意思を無意識に持っている人を集客する際に使います。

　最近はAIの進歩で、**お客さんの潜在意識や深層心理に訴えて「買いたい」というマインドを刺激する広告**として、アドアフィリでも広く利用されるようになっており、広告費全体の3割強を占めています。

　つまり**「アドアフィリ」とは、検索連動型広告やディスプレイ広告を使って、アフィリエイト最大の難関である「初期集客」の壁を乗り超え、約1000億円の成果報酬型広告費から収入を勝ち取る手法**です。

図10　「アドアフィリ」のビジネスモデル

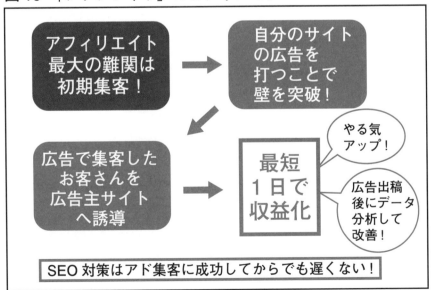

自らもサイトに人を呼び込むために広告を出して費用をかけて、人を呼び込み、その人々にアフィリエイト対象である商品やサービスのよさをアピールすることで報酬を得る。

さまざまな広告を運用することでアフィリエイトの成果を最大限に高めようということで、アドアフィリは**「アド運用型アフィリエイト」**と呼ばれることもあります。

SEO以上に効率的に集客できるアドアフィリ

アド運用型アフィリに対する旧来のアフィリエイトは、「SEO（検索エンジン最適化）対策をして検索画面に上位表示されることで集客する」というものでした。

いまやPCの検索はGoogle一強といっていいので、Googleがどんな基準で、検索ワードに対する表示サイトの優劣を決めているかをリサーチし、検索エンジンで上位表示されるように「ひたすら努力する」のが**SEO対策**です。

Googleにしても、Yahoo! JAPANやMicrosoftの「Bing（ビング）」にしても、インターネットの検索欄にワードを入力して表示されるサイトの表示優劣は当然、人がやっているのではなくコンピュータがなんらかのアルゴリズム（パターン分析）で行っているので、そのからくりを読むのがSEO対策の基本です。

そして、特定のキーワードで検索が行われた場合、その検索結果の上位に、自分のサイトが表示されるように、ワードのチョイスやページの中でワードを使う位置、サイト全体の構成を工夫したり、サイトの外に飛ぶリンクなど外部要因を調整したりすること。それがSEO対策の具体的な中身になります。

いわば、Google先生に「どうやったら、うちのサイト、検索画面で上位表示されますかね？」とお伺いを立てるようなもので

はじめに

第1章

第2章

第3章

第4章

第5章

第6章

す。

　しかし、SEO 対策は「100％確実」ではありません。「どうや
ったら、検索欄に上位表示されますか？」と聞いても、こればか
りは Google 先生にとっても手の打ちを明かすことは自らの収益
を減らすことにつながりかねないので、「これこれ、こうです」
と答えを教えてくれません。

　さらに、Google 先生をはじめ巨大 IT 企業各社は、**日々、検索
結果の表示基準を変更**しています。つまり、必死に SEO 対策し
た努力は、Google の方針転換一つで、一瞬にして水の泡になっ
てしまうことも頻発しています。

　つまり、すべては Google 先生のおぼしめし次第。

　Google 先生が少しでも気分を変えてしまうと、せっかく検索
画面上位に表示されていたサイトもあっという間に消えてなくな
る砂上の楼閣。

「あーでもない、こーでもない」と八方手を尽くしても、検索サ
イトの運営会社の意向次第ですべてが "ちゃぶ台返し" になって
しまう。それが、SEO を使った集客の最大の欠点でした。

巨大 IT 企業の「お客様」の立場をフル活用

　その点、アドアフィリが「革命的！」といっていいのは、**アフ
ィリエイターと巨大 IT 産業の立場が180度、真っ逆さまになる
ぐらい大逆転**することです。

　SEO では、ひたすら巨大 IT 会社の検索方針に「お伺いを立て
て」自分のサイトを上位表示してもらうことに腐心する必要があ
りました。

　一方、アドアフィリでは自前でサイトの広告を巨大 IT 会社に
出稿するわけですから、僕たちアフィリエイターは**巨大 IT 企業**

にとっての「お客様」に早変わりするのです。

　たとえ高額の広告料金を支払っているわけではなく、1クリック10円とか予算1万円までのディスプレイ広告の表示といった、非常に少額資金しか支払わなくてもお客様はお客様。

　これまで鉄面皮で杓子定規で、冷酷無比に思われた巨大IT企業も「広告主」には優しくしてくれます。

　広告出稿で効率よく集客できるように、彼らの持っている最先端のアルゴリズムやAIを惜しげもなく使って、最善の広告をネット上に配信してくれます。

　わずか数千円の出費で世界最高峰の広告出稿ノウハウをいとも簡単に利用することができるのです。

　しかも、検索連動型広告やディスプレイ広告などのアドは企業のネット広告戦略の王道にもなっているので、その運用方法をマスターすれば、企業サイドからも引っ張りだこ、引く手あまたの

図11　アド運用がもたらすビジネスチャンス

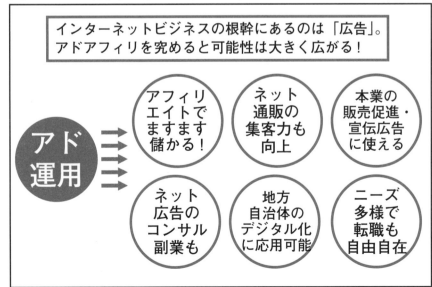

状態になります。**「アド運用、ばっちりです」**と履歴書に書けば、時代の波に取り残されたくない企業の宣伝部や広告部へも難なく好待遇で転職できるでしょう。

　クラウドソーシングで募集される高額案件にも、アド運用に関するウェブの仕事が多数ラインアップされています。

　たとえ、アフィリエイトをしなくても、アド運用には**巨大IT企業の広告審査を通す技術や効率的な広告予算の配分など、時代の最先端といえるノウハウ**が必要です。

　そのノウハウを習得すれば、アド運用の仕方を人に教えるだけで手数料ビジネスを展開することもできます。

　さらに究めれば、インターネットのアド運用に精通した「ITコンサルタント」の肩書だって手に入れることができます。

　アフィリエイトとは別にコロナ禍の巣ごもり消費で盛り上がっているネット通販を手がけることだってできます。

　BtoC、CtoCのeコマースサイト立ち上げも、今、日本中で盛んに行われていますが、ネット上の物販にも広告は必要不可欠。そのコンサルティングビジネスで生計を立てることもできるでしょう。

　もしあなたが副業でアド運用のノウハウに精通すれば、本業においても「わが社のeコマースやネットマーケティング、集客担当者」として新規プロジェクトのキーマンに抜擢されることだって夢ではありません。

　アドアフィリはある意味、これからのインターネットの基礎になる「土台」のようなものです。

　その土台をアフィリエイトという副業で究めれば、さらにその先には無限の可能性が広がっているのです。

　アドアフィリだけでも月間億単位の報酬を得る「強者（つわもの）」がたくさんいるのに、さらにその先には、今見てきたような「あまたの

ビジネス」を展開するチャンスがごろごろ転がっているのです。

「無料」にこだわりすぎると負け組必至の世界

という話をすると、「えっ、広告費をまず払うの？」「無料じゃないの？」「お金をまず出して元は取れるの？」といった拒絶反応を示す方々が多数いるかと思います。

その通りです。

アドアフィリが**通常の労働集約型アフィリエイト**と決定的に違うのは、まずは**巨大IT企業にお金を払う**ところにあります。

いわば、初期投資することで、「初期の集客」という時間と手間のかかる困難な作業をお金で買うというか、お金の力ですっ飛ばし、広告の力で集客した人たちにアフィリエイト商品を購入してもらう、というのが一連の流れになります。

しかも、のちほど詳しく述べますが、広告を出稿するといっても**最低100円ぐらいから数千円で始められるので、金銭的な負担はたかが知れています。**

にもかかわらず、多くの人は最初にお金を出す、ということを極端に嫌うのです。

しかし、先ほどもいったように、Google にせよ、その一角のYouTube にせよ、Facebook とその傘下の Instagram、Twitter、TikTok といった SNS、Yahoo! JAPAN など大手ポータルサイトも含めて、インターネットを牛耳っている巨大 IT 企業のサービスは、ほぼすべて、インターネット広告があって初めて成り立っています。

はっきりいって、「アド＝広告」を扱えない人はインターネットのビジネスの世界では生き残っていけません。

だって、そうですよね？

はじめに

第1章

第2章

第3章

第4章

第5章

第6章

あなたがひたすら「無料」にこだわってブログを更新して、PVを稼ごうと努力している間に、勝ち組アフィリエイターは広告を使って一気にアフィリエイトの市場シェアを総取りしているわけですから。

　粉骨砕身、努力に努力を重ねても勝てるはずがないんです。「正しい努力と正しくない努力」がこの世にあるとしたら、まさに、その努力は正しくありません。

　にもかかわらず、「無料」でできることがまるで「正しいこと」であるかのようにネット上で論じられ、扱われているのは、インターネットビジネスの最前線を知らない「素人」がさらにそれ以上に何も知らない「ド素人」に向けて、情報商材や有料コンテンツのたぐいをただ売りさばいて儲けたいからだと思わざるをえません。

「元手ゼロ、まったく無料で月収100万円稼げます」といわれれば、聞こえはいいですから。

　その結果、「無料」という言葉に惹かれて、報われない努力をえんえんと続ける人が続出してしまう……。

　言葉を変えれば、大切な命、人生を削って、無駄なことに取り組む人が増える結果になるのです。

　無駄な努力で人生を浪費してしまった人たちはやがて「アフィリエイトはやっぱり稼げない」「オワコン」といったデマをネット上に流します。そうすると、ますます、アドアフィリを駆使して質のいいアフィリエイトをする人たちだけが儲かり、それ以外の人はまったく収入が得られない「アフィリエイト格差」が広がる……。

　不条理で悪循環に陥った現実を一刻も早く打ち崩したい。

　それが、「アドアフィリによって、お先真っ暗だった人生を救われた」僕が声を大にしてみなさんに訴えたいことなのです！

第3章

月10万円、半永久的に稼ぐ！S級アドアフィリを始めるための準備

アドアフィリは人と逆の道を行くから成功する

アドアフィリの流れは、

- **まずはアフィリエイト収入に結びつく記事LPを作成。メインのページはたった1ページでもまったく問題なし。**

   ↓

- **少額資金で検索連動型広告やディスプレイ広告を発注し、そのページをネットで宣伝。**

   ↓

- **初期集客の壁を広告で乗り超えることで、瞬く間に集客。**

   ↓

- **広告を見たお客さんが自分のサイト経由で広告主サイトを訪れ、アフィリエイト商品・サービスを購入。**

   ↓

- **アフィリエイト報酬を獲得したら、再び、広告に再投資してさらに集客。**

   ↓

- **それに比例してアフィリエイト報酬もどんどん増加。**

といったものになります（**図12**）。

「お金をかけてまず広告を打つ」→「その広告で集客したお客さんにアフィリエイト商品・サービスを購入してもらって報酬を得る」というアドアフィリは、ある意味、設備投資などをして収益を得る企業活動にも似ています。お金を投資して投資した金額以上の値上がり益を得る投資活動に近い面もあります。

要するに**「アフィリエイト報酬－アド広告の費用」という収入と出費の差額が利益**になるのが、アドアフィリの本質です。

そして広告の課金方法として最もポピュラーなのは、**クリック**

課金型広告です。サイトに表示された広告をお客さんがクリック
したときに広告費が発生するので**「CPC（コスト・パー・クリ
ック）課金」**と呼ばれます。

　広告に関心を持つ、購買意欲の高いお客さんがクリックしたと
きのみ広告費が課金されるので、ターゲットとなる層にダイレク
トに効果的な広告を打つことができます。

　Google の検索結果画面に表示されているリスティング広告、
検索連動型広告が、その代表例になります。

　検索連動型なので、「この言葉で検索した人の検索画面に広告
を表示する」という**検索ワードを設定する必要**があります。

　設定した検索ワードがポピュラーで、多くの人にクリックされ
てしまうと広告費が高額になる点がリスクです。とはいえ、「1
日1000円まで」「1成約に対して最大500円まで払う」といったよ
うに、広告費の上限を設定することもできます。

図12　アドアフィリで利益を出す仕組みと目標利益率

アドアフィリの利益

**アフィリエイトの
成果報酬** マイナス **集客にかけた
広告費用**

利益率 60%以上を目指す

「利益（アフィリエイトの成果報酬額−広告費）÷
売上（アフィリエイトの成果報酬額）×100 (%)」で計算。
1万円の広告費で1万6000円以上の報酬を目指す。

複数案件の運用で月10万円の広告費で
20万円、30万円の成果報酬は簡単！

まずは、

「1000円の広告費を使って2000円の報酬を得る」

といった運用スタイルで気軽に少額から始めましょう。

　この「試し打ち」である程度、成果が出ることがわかったら、次は、**「2000円の広告費を使って4000円の報酬を得る」**というようにさらに成果をアップさせることを目指します。

少額で始めて結果を確かめながら収益を伸ばす

　僕自身はアリウープのアフィリエイト担当取締役として、**費用対効果**の目安が頭に入っていますし、豊富な実績データもあるので、「どれぐらいの広告費をかければ、これぐらい成果が上がる」「最初これぐらいお客さんが集まれば、これぐらい広告費を増やしても大丈夫」といった予測を立てることができます。

　なので、1000円といった少額から始めることはめったにありませんが、かといっていきなり10万円、20万円もの広告費を使うこともありません。

　「試しにまずは１万円」といったように、**少額の広告費で探りを入れて、結果を確かめながら収益を上げていける**のがアドアフィリの魅力なのです。

　アドアフィリで重要な数字の指標として**「利益率」**というものがあります。**利益率は、「利益（アフィリエイトの成果報酬額−広告費）÷売上（アフィリエイトの成果報酬額）×100（%）」で計算**することができます。成果報酬から広告費を引いた「純粋な利益」を「成果報酬＝売り上げ」で割ることで、利益率は計算可能です。

　たとえば、１万円の広告費をかけて成果報酬２万円のアフィリエイト案件１件の成約（お客さんがアフィリエイト商品を購入す

ること）に結びつけば、利益率は50％になります。

　広告費1万円で1万5000円の成果報酬なら約33.3％、3万円で5万円なら40％になります。

　アフィリエイト案件のジャンルにもよりますが、「利益率30〜60％を目指すように運用し、利益率が30％を超えるようならまずまず、利益率が60％を超えるようなら上出来」

　というのが成果の目安になります。

　案件選びは、成果報酬の高さも大切ですが、その商品に購買ニーズがあるか、お客さんが興味を持って購買しそうか、といった**商品の特性や価格設定**も重要になってきます。

「もらえる報酬」と「商品が売れそうか」の両方を秤（はかり）にかけて、両者のバランスがいいものを選びます。最初は自分がよく知ったジャンルの商品で始めるほうがいいでしょう。

　実際にアド運用すると、「お客さんの食いつき」をデータとして入手できます。手応えがある商品はより力を入れて広告出稿や記事LPの充実などを行います。

　やり方さえ間違わなければ、**かけた広告費の2倍、3倍、月利でいうと200〜300％、すなわち10万円の広告費をかけて30万〜40万円の報酬を得る**ことはそれほど難しくありません。

　これほど安定して高収益を出し続けることは、ハイリスク・ハイリターンのFXや株式など投資の世界ではありえないでしょう。投資の場合、勝つときは大きく勝てる一方、負けるときも大損するリスクが高いからです。

　その点、**アドアフィリはローリスク・ハイリターン。**

　最初は少額資金から始めて「結果が出たら広告量を増やす／結果が出なければ撤退する」という試し運転ができるので、収益はFXや株式投資のように「出たとこ勝負」ではなく、実際のデータに裏打ちされた確かなものです。

はじめに

第1章

第2章

第3章

第4章

第5章

第6章

少額の広告費でも高い収益が上がった案件は、広告費を増やすと、ある一定限度まではそれに比例して成果報酬もどんどん上がっていくことが多いので安心です。

　本書ではこのCPC課金で最もポピュラーな**Googleの「GSN（グーグル・サーチ・ネットワーク）広告」**について、後半で詳しく解説します。

　ある意味、アドアフィリの原点がクリック課金広告。インターネットのアドに関する知識を体系的に身につけたいなら、最初にマスターすべきジャンルになります。

検索連動型からより進化した方法もある

　記事LPのサイト広告を出す方法には、検索連動型のリスティング広告以外に、**「インプレッション課金（CPM課金　コスト・パー・ミル）」**という方法もあります。

　こちらはサイトのサイドバーなどに表示されるディスプレイ広告です。過去の閲覧履歴などから広告に興味のあるユーザーを狙い撃ちして表示されるので「リターゲティング広告」とも呼ばれます。お客さんのクリックという積極的な行動に対して広告料金が発生するCPCに対して、CPMはサイトに広告が表示された回数で広告料金が決まります。

　CPMの「M（Mille）」は**日本語で1000回**という意味で、その言葉通り、配信した広告がさまざまなユーザーに対して**合計1000回表示されるごとに料金が加算される仕組み**になっています。

　クリックという積極的な行動は起こさないものの、閲覧や購買履歴から広告の商品やサービスに関心のありそうなお客さんに浅く広く、広告が表示される仕組みなので、**潜在的な購買意欲を喚**

起してより幅広い層に訴えかけられるのがCPMの利点です。

最近は、巨大IT企業のAI技術も相当進化してきたので、広告に興味を示しそうな人、実際の広告商品購買者と似た階層の人をピンポイントで狙い撃ちできます。なので、「潜在的な購買層」といっても、決して、おおざっぱで効果のない広告にはなりません。

検索をともなわないため、GoogleやYahoo! JAPANといったPC向け広告だけでなく、FacebookやInstagram、Twitter、TikTokなどスマホ経由で閲覧されることも多い **SNS向けにも出稿できる**点も大きな魅力です。

このCPM課金広告に関しては、本書で紹介するクリック課金型広告の応用編のようなものと考えればいいでしょう。

検索連動型広告は今ではGoogle広告以外、アフィリエイト関連の広告を出しづらくなっています。

その点、インプレッション課金広告は、最近の商品購買層が頻繁に利用しているスマホの多種多様なSNSプラットフォーム向けに幅広く広告を打てるので、ある意味、次世代型。

広告の市場規模や媒体、アフィリエイト広告の取扱高も急増しており、いわば伸び盛りのジャンルです。

アドアフィリで使うのは大きく分けて上記の2つですが、その他にもFacebookなどのSNS向けには、「いいね」ボタンが押されたり、広告に添付された画像がクリックされたときに広告費用が発生する **「エンゲージメント課金（CPE クリック・パー・エンゲージメント）」**。YouTubeなど動画メディア向けに、お客さんが一定時間以上、広告動画を視聴すると課金される **「視聴課金（CPV クリック・パー・ビュー）」** などもあります。

他にも **「PPA（ペイ・パー・アクション）」という成果報酬型課金**もありますが、これはアフィリエイト広告そのものですよね。

はじめに

第1章

第2章

第3章

第4章

第5章

第6章

アフィリエイトで稼ごうとしているのに、アフィリエイト広告を出していたら、コスト的にも見合わないので、これはありえません。

猛烈に進化するインターネット広告の世界

アドアフィリの世界は日々、猛烈に発展・進化しています。前にも見たように、インターネットビジネスの核心が「広告」である以上、当然です。

そして、その進化の中には、**誇大広告や事実と異なる宣伝文句や過激なコピーを使っている悪質サイトに対する規制**も含まれます。

最近では、巨大 IT 企業の AI の進化もあって、検索連動型のクリック課金方式よりも、お客さんの嗜好や属性、閲覧履歴に応じて表示される広告が変化する**インプレッション課金型が主流**になるなど、広告のタイプにも流行り廃りがあります。

より大きな潮流としては、欧米各国政府による**個人情報の保護規制**も強まっています。巨大 IT 企業がユーザーの許可なく、勝手に取得した個人情報を使ってターゲティング広告を打つのはけしからん、といった話です。ただ、そうした規制を受けて、巨大 IT 企業側は個人情報が特定できないようなターゲティング広告の開発を進めています。

「個人情報の保護」は今後、インターネット業界でも大きな問題になってくるでしょうが、それは政府 vs 巨大 IT 企業の争いであって、一アフィリエイターである僕たちにはあまり関係ないこと。ご安心ください。

まずはクリック課金型アフィリを極めよう！

このようにインターネット広告の進化・発展はとどまることを知りませんが、アドアフィリの原点といえるのは、やはりクリック課金型の**「PPCアフィリ」**です。

PPCは「ペイ・パー・クリック（Pay Per Click）」の略語。「1クリック、いくら」という形で広告を打つ方法です。

本来、PPCの定義はクリック課金方式のすべてを指すのですが、アフィリエイター界隈では主に「リスティング広告（検索連動型広告）」という位置づけとして使われることが多いです。

ちなみにですが、今、この**PPC（リスティング広告）を行うことができるメインの広告媒体はGoogle広告のGSNと、Yahoo! JAPANの提供するYSSと呼ばれる検索連動型広告**というサービスだけです。さらに、その中でも「アフィリエイトと相性がいい」のはGoogle広告だけという状況です。

ですが、インターネット広告に占めるGoogleのシェアを考えると、**PPCならGoogle広告だけでも十分**といっていいでしょう。

では、なぜPPCアフィリ「から」なのか？
「から」を強調した理由も含めてご説明していきたいと思います。

第2章で説明したように、アフィリエイトに必要なのは「足し算」ではなく「引き算」だと僕は考えています。そして、僕自身のアフィリエイトを「引き算アフィリ」と呼んだりもしています。

その言葉には「ムダな努力はしない」「意味のない努力は最初から引き算して取り除く」という意味が込められています。

この「引き算アフィリ」の全体像は大きく4つのステージに分かれています（次ページの**図13**）。

はじめに

第1章

第2章

第3章

第4章

第5章

第6章

■**第1ステージ**

SS（スポンサードサーチ）と呼ばれる検索エンジン連動型の広告、中でも**「Googleサーチ・ネットワーク（GSN）」**に出稿して、アフィリエイト報酬を得るステージ。

■**第2ステージ**

SSで得られたデータをもとに、**Googleの「Googleディスプレイ・ネットワーク（GDN）」やYahoo! JAPANの「ヤフー！・ディスプレイ広告（YDA）」**など、インプレッション課金型広告も出稿して、アフィリエイト報酬を得るステージ。

■**第3ステージ**

クリック課金型、インプレッション課金型広告の両方で得られたデータをもとに、**Facebook、Instagram、Twitter、TikTokといったSNS向けにも広告を出稿**して、アフィリエイト報酬を得るステージ。

図13　アドアフィリの進め方　第1～4ステージとは？

アドアフィリは4ステージで進化させる		
第1	GSN	検索連動型の広告（「Googleサーチ・ネットワーク（GSN）」）に出稿して、アフィリエイト報酬を得る。
第2	GDN YDA	Googleの「Googleディスプレイ・ネットワーク（GDN）」やYahoo! JAPANの「ディスプレイ広告（YDA）」など、インプレッション課金型広告も出稿
第3	SNS 向け	Facebook、Instagram、Twitter、TikTokといったSNS向けにも広告を出稿
第4	SEO	第1～3ステージのアドアフィリで得られたデータをもとに、SEOを中心とした「無料集客」に時間をかけて取り組む

■第4ステージ

第1～3ステージのアドアフィリで得られたデータをもとに、**SEOを中心とした「無料集客」に時間をかけて取り組む**ステージ。

この4ステージの順番を見て気づく人は気づくはずですが、一般的なアフィリエイトは僕が第4ステージに位置づけている**SEOを第1に始める人が圧倒的に多い**のが現状です。

理由は単純で、無料でできるからです。

前にも説明しましたが、SEO＝検索エンジン最適化は「時間がかかるもの」です。半年以上、サイトを育てても一向に上位表示されないのがザラですし、仮に頑張って上位表示されたとしても、狙ったキーワードからアフィリエイトの成約につながらなかった、というのもよくある話です。

その点、PPCアフィリなら「お金でアクセスを買う」ことができます。つまり、アクセスが来るのを待つ時間も、アクセスが来てから成約するかどうか確認する時間も、すべて不要です。

SEOでは3か月～1年を要する手間や時間が、PPCなら1日で解決するということです。

何か月もの「時間と労力」を無駄にするか？

わずか数千円～数万円のお金で解決するか？

こうやって論点を明確にしてしまえば、「間違った選択」をすることはないと思います。

要は**「稼げていない人こそPPCから始めるべき」**なんですね。

まさに逆転の発想です。

PPCアフィリで「成約するかどうか？」を把握してから、SEOで狙うキーワードを決めればいいし、サイトを作り込めばいい。

時間と労力をかけて自分のサイトなりブログなり、コンテンツを育てるのは**「儲かることがわかってからでいい」**のです。

だからこそ、井口式Ｓ級アフィリエイトではSEOを筆頭とした「無料だけど時間がかかる施策」は、最後の第４ステージになるのです。

最初のターゲットは検索連動型広告GSN

　そう考えると、アドアフィリの第一歩は、最も基本中の基本的なネット広告といえる「クリック課金型広告」に行きつきます。

　具体的には**「Google広告の検索連動型広告（GSN）」**（図**14**）です。Google以外のYahoo! JAPANやFacebook、Twitterなどは出稿する企業が違いますし、広告の種類や使い方、管理方法も違ってくるので、まずは世界的に見てもネット広告の王道中の王道といえるGoogle広告から始めれば、ムダを省けます。

　なので「第３ステージ」はひとまず後回し。

図14　Googleサーチ・ネットワーク（GSN）の具体例

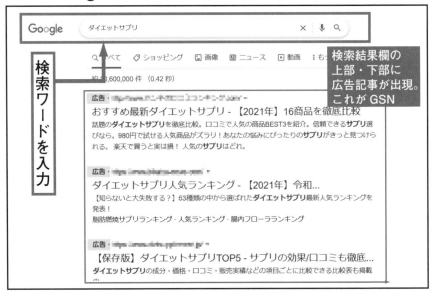

同じGoogleでも、「Google・ディスプレイ・ネットワーク（GDN）」になると、出稿方法や考え方も複雑になるので、これも後回し……。

残った「GSN（Google・サーチ・ネットワーク）」こそ、初心者の方でも最速で結果を出せる広告手段になります。

GSNはGoogleで検索をかけた人がターゲットになりますが、みなさんは「検索する人」ってどんな人かわかりますか？

検索する人というのは、当然、「何かを調べている人」です。

つまり、**ダイレクトに答えを求めている人**なんですね。

「渋谷近郊にある、おいしいラーメン屋はどこ？」

「PCR検査が受けられる家から一番近い場所は？」

「梅田から難波にはどうやって行けばいいの？」

「テレビで紹介されていた美容室の評判って？」

「欲しかった化粧水、ネットで販売しているかな？」

調べている対象は千差万別ですが、程度の違いはあれど、何かを調べている人というのは、簡単にいえば**「今すぐに客になる人」**、略して**「今すぐ客」**です。

もちろん検索ユーザーの中には、まだ調査・手探り段階で「購買・申し込みに至るまで、時間のかかるユーザー」もいますし、「今すぐ欲しい！」とすぐ行動に移すユーザーもいます。

ですが、ただなんとなくFacebookを眺めたり、YouTubeを視聴している人に比べれば、「今すぐ客」なのは間違いありません。少なくとも絞り込まれた「何か」を調べているわけですから。

そうなると……。

そういう**買い気が強い人**に、デザイン性の強い、長々と説明文が続くような「キレイに作り込まれたサイト」は必要でしょうか？

彼らは一刻も早く「答え」が欲しいわけですから、そんなサイトは不要です。

意識しているか、いないかはともかく、むしろ**「今すぐ客」は広告主のサイト、すなわち結論に素早く誘導されることを求めているの**です。

　そのため、余計なコンテンツやデザインを省いた、**シンプルな記事LPが実に効果的**なのです。

　「シンプルなほうが逆にいい」というのは、サイト作成の初心者にとって大歓迎です。

　手の込んだサイトを作るためにデザインを考えたり、複雑なサイト作成技術を駆使したり……といった手間暇がまったく不要になるわけですから。

　単純なテンプレートやサイト作成ツールを使って、ものの1時間で作った記事1ページのサイトでも十分に通用するのです。

　「といっても、買い気のあるお客さんの背中を最後に押すようなライティングスキルが必要では？」と思われる方もいますが、下手にライティングだ、なんだと意識する必要もありません。

　「だけど、そういう買い気の強い人が入力する検索キーワードが何か、しっかり吟味することが大切だよね」

　と考える人もいるかもしれません。

　しかし、それも不要です。

　「よいキーワードが何か」はアド運用して実地調査してから、見つければいいのです。その部分に時間をかけるぐらいなら、1日1000円程度で広告を打てますから、「数」で勝負するほうがよっぽど効率的です。

　というと、「数で勝負って……それって無駄に終わるかもしれない記事LPをたくさん作るってこと？」と怪しまれる方がいるかもしれません。

　しかし、こういう数で勝負の作業こそ、ツールやソフトの力を借りて**「コピペ」**で乗り切ればいいのです。

「『今すぐ客』ってどんなキーワードで検索するの？」で悩んでいる暇があるなら、サクッとツールを使って、キーワードの部分だけを変えて複数の広告を打ったうえで、どのキーワードの費用対効果が一番いいかを確かめればいいのです。

クリックされた数しか広告費がかからない！

そうはいっても「下手な鉄砲も数撃ちゃ当たる式だと、広告費が膨大にかかってしまうんじゃないの？　それは怖いな……」と不安に思うかもしれません。

しかし、その点に関しても安心してもらって結構です。

この「第1ステージ」における広告には、1クリック5～20円の費用がかかるだけです。クリック課金型は、どれだけたくさん広告を出しても、クリックされない限り、広告費用は発生しません。

1クリック5円だと100クリックで500円。1クリック20円だとしても100クリックで2000円。

成約率の目安はだいたい**100クリックで1成約、つまり「1％」**です。

通常、100クリックで1本成約すると考えると、クリック課金型広告によるアドアフィリでは、1クリック5～20円の費用がかかるとして、**500～2000円の広告費で成果報酬が発生**します。

基本的にPPCアフィリエイトでは**「利益率60％」**を目標に運用していきますので、上記のように広告費を500～2000円投資する場合、**「ザックリ800～3200円の報酬を得られる案件で運用」**すれば目標の利益率が達成できる、と逆算することもできます。

これを「怖い」とか「高い」と思うかどうかは人それぞれです

はじめに

第1章

第2章

第3章

第4章

第5章

第6章

が、僕としては、数か月、下手したら1年もの時間と労力を費やしても成果が出るかどうかもわからないSEOに励むことを考えれば、「全然安いし、全然怖くない」と思います。

　SEOを筆頭にした「無料集客」のほうが、突然の検索エンジンのアルゴリズム変更などを考えれば、リスクは高いと思っています。

　SEOや無料ブログというのは、「無料で利用させてもらっている」がゆえに、「圧倒的に弱い立場」なのです。

　対するPPCは、こちらが広告費を支払って掲載している「お客様」の立場です。

　もちろん、悪質アフィリエイターを排除するための審査や巨大IT企業側の意向やシステムの改善・改良などによって「広告を打ちたくても打てない」状況になることもあります。

　しかし、**審査の厳格化に対する対策**さえしっかり行えば、こちらがお金を出す以上、決して雑に扱われることはありません。

「広告主＞広告媒体」というビジネスモデルの大前提からして、基本的にこちらのほうが強い立場にあるということです。

　いかがでしょう？　なんとなくでも、第1ステージがどういった内容なのか見えてきましたか？

「引き算アフィリ」第1ステージのまとめ

- -

　せっかくなのでここで、引き算アフィリ・第1ステージの要点を、お伝えしておこうと思います。

● **PPCアフィリといっても、5円くらいから広告出稿できる。**

●**サイト作成技術もデザインも不要。**

●**使い古されて効果のない方法ではない。**

●**難しい作業も設定も必要なし。**

- **情報商材は扱わないので審査も余裕で通る。**

- **ライバルは限りなく少ない。**

- **「リスティングOK」のアフィリエイト案件だけでも十分稼げる。**

　さらに、

- PPCアフィリなので、アクセスがないということはありえない。

- アクセスの数やそこからどれぐらい成約したか、データを得る
　ことができる。

- **最短30分ほどで報酬が発生するケースもある。**

　そして、なにより重要なのは、

- **PPCアフィリなら、結果がすぐに出るから、モチベーション
　が下がることがない。**

　こういった特徴が、僕が提唱する「引き算アフィリ」第1ステージのメリットなのです。

　まずは、この第1ステージの基礎編で、月5万円→10万円→30万円と報酬を積み上げていくことがS級アフィリエイトの最初のミッションになります。

　基礎編ではあくまでGoogleの検索エンジンを対象とした「Googleサーチ・ネットワーク（GSN）」という広告出稿方法のみを利用します。

検索連動型で成功したら次はディスプレイ広告へ

　そして、この第1ステージは、第2ステージのディスプレイ広告を使いこなすための「練習環境」でもあります。

　Google広告には検索連動型のGSNの他に、**「Google・ディスプレイ・ネットワーク（GDN）」**があります。

　こちらを利用すれば、単にGoogle検索の結果ページだけでなく、Googleのブラウザ「Chrome（クローム）」で閲覧できるウェブ

はじめに

第1章

第2章

第3章

第4章

第5章

第6章

サイトなどに広告を表示できます（**図15**）。

GDN は広告出稿先が多岐にわたるだけではなく、**ユーザーを細かくターゲティングする多種多様な機能**を備えています。

検索ワードを設定して検索欄に表示される広告文を考えるだけの GSN に比べ、GDN のほうは「ディスプレイ（D）」というだけあって、画像入りの広告を複数用意したり、トピックやキーワードを設定することで広告を自動表示する場所を指定したり、配信するユーザーの属性を細かく設定したり、やることも考えることも多くなります。

さらに、Google がほぼ1社で独占に近い状態の検索連動型広告に対して、ディスプレイ広告には **Yahoo! JAPAN にも「Yahoo! ディスプレイ広告（YDA）」**というサービスがあり、第3ステージの Facebook など SNS にも独自のアドシステムがあります。こうした複数メディアの同時運用も可能なので、広告

図15　Google ディスプレイ・ネットワーク（GDN）の具体例

予算の配分や管理なども機動的に行っていかないといけません。

そのため、僕はGDNなどディスプレイ広告の運用を「第２ステージ＝PPCアフィリの応用編」と、位置づけているわけですね。

第１ステージのGoogle検索連動型広告は、Googleの寡占状態ですから、単純にGSNに出稿するだけで効果は絶大。すぐに結果が出ます。

しかし、最近のネットユーザーはPCだけでなく、**スマホを利用してモノやサービスを購入**する比率も増えています。

スマホって、無意識のうちにいじるものじゃありませんか？

そうなのです。スマホを使う人はほとんど検索機能を使いません。スマホを利用する人はPCで検索ワードを打ち込んで、「このモノやサービスを買いたい」という人に比べると、ただなんとなく情報に接していたい人たちです。

そういう人の中にはあまり「今すぐ客」はいません。どちらかというと「スマホにこんな広告が載っているけど、気になるな〜。この商品の広告サイトをのぞいてみるか」という、あくまで**「買う見込みがありそうな客（見込み客）」**が多いわけです。

「見込み客」には当然、第２ステージのディスプレイ広告の有効性が高くなります。

「見込み客」の購買意欲は希薄ですが、その数は「今すぐ客」の10倍、20倍、いや100倍いてもおかしくありません。そうした**「見込み客」の潜在的な購買意欲を呼び起こし、実際の購買につなげていくのがディスプレイ広告の役割**なのです。

定置網に魚を誘導する漁法が検索連動型広告とするなら、ディスプレイ広告は**“海のド真ん中で狙った魚を釣るトローリング”**のようなもの。狙っている魚の量が各段に増える点が魅力です。

むろん、定置網に魚を誘うほうが、「ここに魚がいる」とわかっていて、魚自体も「食い気が強い」ので、ある程度の漁獲量が

はじめに

第１章

第２章

第３章

第４章

第５章

第６章

見込めるのも事実です。検索連動型広告だけを使ったアドアフィリでも、月30万円ぐらいはすぐに稼げます。

　ただ、それ以上稼ぐためには、やはり、検索利用に比べてケタ違いにPVが多いインターネット全体を相手にしたディスプレイ広告という"大海原"に進出する必要があるのです。

大海に出るのが応用編

　GoogleとYahoo! JAPANだけでなく、FacebookやInstagram、Twitter、TikTokなどSNSまで加えた第3ステージはある意味、**"バカでかい海"を相手にした釣り**になります。

　第1ステージより第2ステージ、第2ステージより第3ステージのほうが「圧倒的に」対象となるユーザー数が多いのです。

　ということは、第1ステージの基礎編で月に10万円の報酬を獲得できている案件があったとすれば、それを応用編（第2ステージ）となるGDN、YDAで仕掛ければ、**「プラス100万円の報酬（10倍）」**に、さらにFacebookまで含めると、さらにプラス100万円の報酬になる可能性が十二分にある、ということです。

　まぁ実際のところは、**僕の肌感覚でいうと3〜5倍くらいのパフォーマンス**といったところですが、可能性としてはまだ上を目指せると思っています。

「だったら最初からGDNでいいのでは？」

　このように思われる気持ちはわからなくもないのですが、それをやってしまうと、結局、あなたは失敗すると思います。

　なぜなら「基礎」がともなっていないから。

　というのも、GSNとGDN、つまり検索連動型広告とディスプレイ広告を見る人の属性は大きく違っているからです。

　検索連動型は検索エンジンを対象としているので「今すぐ客」

という属性ですが、ディスプレイ型広告はただ、ボォ〜ッとニュース記事を閲覧したり、個人のサイトやSNSを眺めている人がターゲットです。

単純に考えて、どちらの人のほうが「売りやすい」ですか？

当然ですが、「今すぐ客」です。なので、難易度も低い。だけど対象者数が少ない。

反対に「見込み客」は成約しづらいので難易度は上がるものの、その分、対象者数は圧倒的に多い。

「つまり、失敗する可能性＝無駄な努力をなるべく削るためには、勝率が高くリスクの低い検索連動型から始めたほうがいいといっているの？　ディスプレイ広告には手を出さないほうがいいってこと？」

と答えられた方は、半分正解で半分は間違い、です。

確かにアフィリエイト初心者がスタートを切るのは、失敗の可

図16　Facebook、Twitter広告の具体例

能性を減らすことも含め、あらゆる無駄を削った基礎といえる検索連動型から始めるべきです。

しかし、基礎編をやっていくうちに**「キーワードの考え方」**や**「ユーザーの動向」**というのが見えてくるので、そういったデータをもとに、ディスプレイ広告に移行すれば、十分成果を上げていくことができます。

この「GSN（基礎）→ GDN、YDA（応用）」という順序があって初めて、無駄ではなく意味のある「戦略的なシナリオ」になるわけですね。

基礎から始めることで、アド運用の考え方も身につきますし、取り扱うアフィリエイト商品に関するお客さんの特性や動向も見えてくるようになります。

なにより実際に検索連動型広告を運用していれば、**リアルな「キーワード」**がデータとして残っていきます。

お客さんの購買行動に強い影響を与えるキーワードが事前にわかっていれば、ディスプレイ広告にもそのワードを取り込むことでより効率的な集客につなげることができます。

キーワードなんて自分の中からヒネリ出すものじゃなくて、データなどから見つけて応用するもの、と前にいいましたが、そういうことなのです!!

基礎をおろそかにすると応用できない!

地に足をつけて稼いでいくには「本質」と「基礎」がなにより重要なんですね。

そこをすっ飛ばして成功するなんてことは、まずもってありえません!

と口を酸っぱくしていっても、多くの人は「テクニック＝応用」

に走りがちです。

　基礎をバカにして、本当の意味で理解していないのにわかったフリをしてないがしろにする。あげくの果てには「そんなの知ってるよ！」と言い出す始末。そういう物事を軽視した姿勢が稼げない根本的原因と気づくこともありません。

　物事には順序があります。ポーカーのテーブルにルールも知らずに座って、プロを相手に勝てるわけなんかないのに、「しょせん、運のゲームでしょ？」と軽く見下して、戦ってるようなものです。

　当然、基礎をナメていた人は「カモ」にされて惨敗して大金を失うでしょう。

　すると今度は「ルールを教えてもらってない！　詐欺だ！」と騒ぎ立てる。基礎となるルールをバカにして、勝手にプロがしのぎを削るポーカーの席に座ったのは自分自身なのに……。

　これが**目先のテクニックや、一発逆転系や裏ワザ系のノウハウ**といわれるものです。「誰でもカンタン、コピペで1億円！」といった怪しい広告文にすぐ飛びついてしまう人の、決まりきった行動パターンなんですね。

「カンタンに儲かる！」とか「裏ワザだから誰でもできる！」といわれると、すぐに飛びつきたくなる気持ちはわからなくもないです。

　しかし、仮にそれで稼げたとしても裏ワザなんて長くは続きません。

　結局どこかで規制されて使えないノウハウになって、はい終了。

　裏ワザ志向は短距離走みたいなもので、瞬間的な世界しか見ていない証拠です。人生にしてもアフィリエイトにしてもマラソンみたいなものですから、短距離走でたまたま1位をとっても意味はありません。

はじめに
第1章
第2章
第3章
第4章
第5章
第6章

何度もいいますがアドといっても料金は安い

　と、ついつい熱くなって語りすぎてしまいました。

　話を元に戻しましょう（笑）。

　アドアフィリはこれまで見てきたように、「まずはお金を使って広告を出したあと、それをアフィリエイトの成果報酬で回収する」ビジネスです。

　「最初にお金を出す」というところに、どうしても抵抗感がある人も多いでしょう。

　しかし、アドアフィリで使う広告費用に関しては、ほぼすべての出稿メディアで上限を決めることができます。そのため、広告を出しっぱなしにしていたら、月の課金が数万円を超えてしまった、といったネット詐欺のようなことはありません。

　なんといっても広告を出稿するのは、天下の Google、Yahoo! JAPAN、Facebook といった巨大 IT 企業です。

　彼らは超巨大な企業から僕たち個人のアフィリエイターまでを対象に、幅広く広告出稿サービスをして儲けています。

　そのビジネスモデルは、一握りの顧客層に頼るのではなく、世界中の幅広い顧客に網をかける**「ロングテール」戦略**と呼ばれるもの。テレビ CM のように、30秒広告 1 本数千万円で「でかく、狭く稼ぐ」のではなく、基本は「広く浅く」。個人からも幅広く広告課金を集めることを狙っているので、広告出稿はぶっちゃけ「100円」からでも可能なわけです。

　CPC 課金の場合、たとえばクリック 1 回で 1 円の広告費が徴収されるとすると、100円の広告費でも100回分のクリックまでは広告を出し続けることができます。

　むろん100円では広告効果も落ちるので、**1000円ぐらいから**

まず始めてみて、1000円分の広告出稿でどれぐらいアフィリエイトの成果を上げられるか、実際に運用してみて**広告費の最適解**を探しましょう。データを見て、反応がよければ広告費を増やせばいいですし、反応が悪いようなら深追いはせずにその案件から撤退するのも選択肢の一つです。

アド運用はアフィリエイト商品の購買データをとるための実験と、最初のうちは考えてもらってもいいでしょう。

マスメディア向け広告では広告出稿することで商品購買なりブランド認知なりを目指しますが、いったいどの程度の成果が上がったのかはよくわかりません。費用対効果の計測はある意味、どんぶり勘定です。

それに対して、インターネット広告の場合、かけた広告費に対してどれだけのアフィリエイト収入を得ることができたのかという**広告運用のデータをリアルタイムで入手**できます。

図17 Google 広告は誰でも出稿できる

「打てば響く」というか、広告の効果がすぐにわかる点がインターネット広告の優れた点なのです。

　費用対効果のデータをリアルに見ながら「反応がないようならコンテンツの内容を変えてみる」「反応がいいようなら広告費をもう少し出して、成果の絶対量を上げる」「これ以上、広告費を出しても効果がそれほど変わらないなら、広告費を一定にする」といった**「運用」**ができるのです。

　だからこそ、インターネット広告はいまやマスメディア広告を追い抜くまでに急成長しているわけですね。

第4章

こうすれば
効率よく稼げる
検索連動型
アドアフィリを
実際に
始めてみよう！

インターネット上に自分の"家"を建てる

　第3章ではアドアフィリの考え方や進め方について見てきました。第4章では、サイトの作り方やアフィリエイトに必要不可欠なASP会社の登録法、お客さんをアフィリエイト広告主のサイトに効率よく誘導する記事LPの書き方などを具体的に解説していきたいと思います。

　アフィリエイトを始めるためには、当然ですが、インターネット上に**「サイト」**を作る必要があります。

　サイトは別名「ホームページ」と呼ばれるように、インターネット上に建てたあなたの"わが家"になります。
「家に住むなら、賃貸より持ち家（マイホーム）」とよくいわれますが、それはサイトも同じです。

　ネット上には「Amebaブログ」「ライブドアブログ」「FC2ブログ」「はてなブログ」など、無料でいつでもブログを始められるサービスがたくさんありますが、アフィリエイトを始めるなら、ぜひ"自分の家"を建ててからにしてください。

　というのも、こういったブログでは、クリック課金型の広告や成果報酬型のアフィリエイト広告を自由な位置に配置して集客することができません。

　何事も「無料なものほど高いものはない」といいます。

　無料のブログを運営会社が提供しているのは、「無料」を餌に集めた多数のブロガーのサイトの一番いい場所に運営会社自身の収益になる広告を配置して自ら稼ぐためです。

　自前でアフィリエイト広告を貼りつけることができる無料ブログもありますが、**広告を挿入できる位置が制限**されていたり、**独自ドメインを使えなかったり、広告の変更や削除に手間がかかっ**

たり、**なにかと制約**が多く、思う存分、自由にアフィリエイトできません。

さらに、無料ブログでアドアフィリをすると、主宰企業の広告が入ることで、せっかく広告費をかけて集客しても運営元にアクセスを奪われてしまいます。さらに、無料ブログだとサービス運営元に突然、ブログを削除されるリスクも出てきます。

なので、少しでもインターネットを使って収入を得たいという気持ちがあるなら、無料ブログは利用せずに、**いきなりネット上に「自分の家」を建てるべき**です。

「まずは無料ブログで試運転して、広告収入が少しでも稼げるようになってからでも遅くない」

といったアドバイスをするアフィリエイターも多いと思います。

しかし、「試運転のつもりで始める」と、たいがい途中で挫折してしまうものです。これは僕自身、経験者だからよくわかります。

2016年に行われた中小企業庁の調査によると、一般の小売店など小規模事業者のサイトの更新頻度は不定期が56％で最も多く、2〜6か月に1度程度の10％を入れると**実に7割弱のサイト**は2か月以上更新されていません。

ブログ、SNSの更新頻度はそれより若干マシですが、不定期が28％、2〜6か月に1度が3％で、**3割弱が2か月以上"死んだ状態"**になっているそうです。

個人レベルのサイトやブログ、SNSになると「開店休業」している"死にページ"の割合はもっと増えるでしょう。

多くのアフィリエイト本では、

「まず無料ブログを始める」→「ある程度お客さんが増えて広告収入が得られるようになる」→「広告を自由に表示できない無料ブログを卒業して、自前のサイトを始める」

はじめに

第1章

第2章

第3章

第4章

第5章

第6章

という流れが自然だと書かれています。

でも、僕はこの考え方には反対です。

このやり方で始めて、ステップ2の「広告収入が得られる」にたどりつくまでに更新をやめてしまったブログやサイトのなんと多いことか！

誰もが陥りがちな**「ゴミページ化」を防ぐ**ためには、最初からサーバーやドメインにきちんとお金を払って自前の家を建てる、そして、最速最短で広告収入を得て、その成功体験でやる気、モチベーションを持続させる以外ありません。

試運転は要りません。もしサイトを娯楽や趣味や暇つぶしのためでなく「お金儲け」を目指して作るつもりなら、自前のサイトで始めるべきです。

レンタルサーバーと独自ドメインを取得する

インターネット上に自分の家を建てる——そのために必要なのは、お客さんが24時間いつでもあなたの家にアクセスできるための**「サーバー」**と、あなたの家のインターネット上の住所にあたる**「ドメイン」**です。

自分の家をネット上に建てるためには、サーバーをレンタルしてくれる**レンタルサーバー会社**と契約し、サーバー上のあなたのサイトがネット上の何丁目何番地かを示した**独自ドメイン**を取得する必要があります。

レンタルサーバーを借りる、独自ドメインを取得する、この2つにはお金がかかります。

しかし、有料であるからこそ、「お金を無駄にしちゃ駄目だ。一生懸命、ネットで稼がなきゃ」という気持ちも生まれてくるもの。そのモチベーションがアフィリエイトで成功するための原動

力になるはずです。

　しかも、レンタルサーバーを借りるのも、独自ドメインを取得するのも、インターネット社会が急激に拡大して過当競争が起こっているため、料金は非常に安くなっています。

　年間1万円もあれば、サーバー代と独自ドメインというアフィリエイトの初期費用を払っておつりがくるぐらいです。

　たとえば、**図18**は主だったレンタルサーバー会社の料金体系を示したもの。

「安い」ということだけなら、GMOペパボが運営する「ロリポップ！」のエコノミープランなら**月額110円**（容量20GB）、老舗のさくらインターネットのライトプランなら**月額131円**（容量10GB）でサーバーを借りることができます。

　大容量のデータをアップロードしたり、高速アクセスができたり、サイト作成の世界標準システムになった**「WordPress（ワ**

図18　レンタルサーバーの料金プランの比較

会社・プラン名	初期費用	月額費用	無料お試し期間	容量
ロリポップ！エコノミー	1650円	110円	10日間	20GB
さくらのレンタルサーバーライト	1048円	131円	2週間	10GB
バリューサーバーエコ	1100円	183円	10日間	50GB
リトルサーバーミニプラン	920円	150円	20日間	20GB
スターサーバーエコノミー	1650円	138円	2週間	20GB

レンタルサーバー各社の最安値プランを比較すると…

容量・ドメイン個数増、高速化、WordPressが使えるなどの条件で各社ともよりハイグレードプランもあるが、S級アフィリなら最安値で十分

※料金は税込みで2021年5月時点のもので変動します。月額費用は12か月契約の場合です

ードプレス）」を使えるようにするなどオプションを増やすと料金も上がりますが、それでも月額1000円以内でレンタルサーバーを借りることができます。

　レンタルサーバー代は、インターネットでお金を稼ぐために必要不可欠な「場所代」と考えて、まずは低料金の基本的なプランで契約しましょう。

　アドアフィリの場合、記事LPは凝らない作りのほうが逆に効果が高いので、井口式S級アフィリエイトには大容量で高速なレンタルサーバーは必要ありません。

　レンタルサーバーを借りたら次にするのは、**インターネット上の「住所」にあたる「独自ドメイン」の購入**です。いわゆる、サイトアドレス、URLというやつですね。

　無料ブログサービスなどでは、アドレスがその運営会社のサービス名入りになっています。たとえば、アメブロで有名な市川海老蔵さんのオフィシャルブログのアドレスは「https://ameblo.jp/ebizo-ichikawa/」です。

　はてなブログなら「○○.hatenablog.com」、FC2なら「○○.blog.fc2.com」というアドレスで表示されます。

　アドアフィリで広告を打つという場合、こうした無料ブログのアドレスでははっきりいって許可が下りません。そのため、**アドアフィリでは独自ドメイン取得が必須**です。

　ドメイン名は初期取得にいくら、年間使用料がいくら、という料金設定になっていて、毎年、自動更新のたびに課金されます。

　有名なドメイン販売会社には「お名前.com」、GMO系の「ムームードメイン」、ドメイン取得や更新料金が安い「スタードメイン」「Xserverドメイン」などがあります。

　図19はあるドメイン販売会社で、「iguchi-taiki.○○」という僕の名前のローマ字アドレスがいくらで売られているかの料金表

です。

　同じドメインでも**「.com」**や**「.jp」**は1000～2000円台と高額になりますが、**「.info」「.biz」「.net」**、図にはないですが「.online」「.xyz」などは取得費用も更新費用もそれほど高額ではありません。

　アフィリエイトを提供する広告主もその広告を取り次ぐASP会社もアド運用の対象になる巨大IT企業も、アドレスが「.com」じゃなきゃダメとか、「.info」は許可しない、といった縛りはかけていません。独自ドメインであればどれでも問題ないので、基本は安いドメインを購入すれば、それで十分です。

FTP ソフトを使ってコンテンツをアップロード

　世界中とつながっているインターネットの中に独自ドメインという名の住所を作り、レンタルサーバーを借りることで24時間稼

図 19　「iguchi-taiki.○○」のドメイン料金表

iguchi-taiki のドメイン取得料金を検索すると…		
ドメイン	新規取得	更新・移管
.com	990 円	990 円
日本語 **.com**	990 円	1628 円
.jp	2035 円	1628 円
日本語 **.jp**	1518 円	1628 円
.net	308 円	990 円
.org	1232 円	1848 円
.mobi	495 円	2178 円
.info	330 円	1848 円
.biz	308 円	1738 円
.in	2178 円	2178 円

※料金は 2021 年 5 月時点のもので変動します

はじめに

第1章

第2章

第3章

第4章

第5章

第6章

働しているマイホームを建てることができました。

　次に行うのは、その "わが家" の中身にあたるコンテンツのアップロードです。ブログサイトなら、PC で作成した日々のブログをサーバー上にアップロードするなど、あなたが作成した HTML 言語で作ったページや画像をサーバー上に置いて、インターネットから常にアクセスできるようにします。

　その際、PC 上にある HTML ファイルなどのデータをレンタルサーバー上に移行し、保存してくれるのが**「FTP ソフト」**になります。「FTP」は「ファイル・トラスファー・プロトコル」の欧文頭文字をとったネット用語でファイルを転送するための通信規格、といった意味になります。

「WordPress」などサイト作成ソフトの中には、ウェブ上の管理画面で記事の作成や画像のレイアウトができてしまうものもあります。しかし、ウェブ上で作業する場合、いちいち画像一枚一枚をアップロードしたり、記事一つ一つをウェブ上で書いたりするのに手間がかかりますし、PC 側に元データがないので転用したり、更新したりするのが面倒です。

　やはり、まずは PC 上でコンテンツを作成して、そのデータをまとめてサーバー上にアップロードしたほうが効率的ですし、PC 上にサイトデータのバックアップを作れるので、更新や改変、サーバーの引っ越しなどがスムーズに行えます。

　僕が使っているのは**「FileZilla（ファイルジラ）」**というソフトで、無料ソフトの中では一番安定していて日本語にも対応していて、FTP ソフトでは最もポピュラーな存在といえます。

「FileZilla」は**図20**に示したサイトからダウンロードできます。インストール後に表示される画面上のタブの「edit」をクリックして「setting」→「language」と下りていくと、表示言語を選択できるポップアップが出てくるので、そこで「Japanese」を選

第４章

こうすれば効率よく稼げる
検索連動型アドアフィリを
実際に始めてみよう！

はじめに

第１章

第２章

第３章

第４章

第５章

第６章

ぶと日本語表示した基本画面になります。

　図でもわかるように「FileZilla」の操作画面は左にPC側のフォルダ、右側にレンタルサーバー上にアップロードされたフォルダという2つの領域で構成されています。

　基本は左側にあるPC内にあるコンテンツを左クリックして、右側のサーバー枠にドラッグして移動させるだけ。HTMLデータや画像データをその要領で次々とサーバー上にアップロードしていけば、ネット上でもコンテンツを閲覧可能になります。

　サーバー枠の移動先にもPCと同じ名前のフォルダを作成していけば（サーバー上にあるフォルダは「ディレクトリ」と呼ばれることもあります）、サーバー上の「http://www.●●●.com」といった独自ドメインのあとに「http://www.●●●.com/**フォルダ名／ファイル名**」という形で保存されます。そのアドレスをブラウザのURL欄に打ち込んだりコピペすれば、ネット上にア

図20　FileZillaのダウンロードサイトとソフトの初期画面

FTPソフトでコンテンツをサイトにアップロード

無料ソフト FileZilla がお勧め

PC上のデータを右側の
サーバー上にアップロード

ップロードされたサイト画面にアクセスできるようになる、という
うわけです。

「FileZilla」にレンタルサーバー情報を設定するのも簡単です。
ソフト上部の「ファイル」タブから「サイトマネージャー」を選
択して起動させ、「新しいサイト」をクリック。

　画面右側の「一般タブ」の空欄に、レンタルサーバーのアカウ
ント情報を入力してきます（**図21**）。

　世界にたった一つの独自ドメインを取得して、レンタルサーバ
ー上にそのドメインと紐づけされたデータベースを設置し、そこ
にFTPソフトを使ってデータを置いていく。すると、インター
ネットにアクセスするすべての人がそのデータ（＝サイト）にア
クセスできるようになる。

　これがサイトの仕組みなのです。

図21　レンタルサーバー情報を FTP ソフトに設定

アフィリエイトを始めるなら ASP 会社と契約する

IT 社会がこれだけ進んでいる以上、たとえサーバーのレンタルや独自ドメインの取得に多少の「経費」がかかっても、**自前のサイトを作っておくことは、時代に置いてけぼりを食らわないための自己防衛策の一つ**と僕は考えています。

自前の独自ドメインでサイトを作って自由にコンテンツをアップロードしたり更新したりできるようになれば、アフィリエイトでお金を稼げるようになるまで、あともう少しです。

アフィリエイトビジネスを始めるためには、**ASP 会社に自らのサイトを登録する必要**があります。

ASP はアフィリエイト（A）に関するサービス（S）を提供するプロバイダ（P）のことです。

ASP には、ネット上で、財務会計や給与計算など企業向けソフト、セキュリティ関連ソフトなど、さまざまなアプリケーションを提供する「アプリケーション・サービス・プロバイダ」という意味もありますが、それとは別物です。

では、アフィリエイトを専門に扱う ASP 会社とはいったいどんな存在でしょうか？

一言でいうと、それは**「ネット広告代理店」**のようなもの。アフィリエイトを使って自社商品やサービスを宣伝してもらって売り上げ拡大につなげたいクライアントと、自らのサイトにアフィリエイト広告を掲載することで報酬を得たい僕のようなアフィリエイターをつなぐ紹介業者です（**図22**）。

もし、あなたが個別企業に直接アプローチできて、「この商品をうちのサイトで宣伝してあげる代わりに、もし、うちのサイト経由でアクセスがあったり、実際に御社の商品が売れたら報酬を

ください」と直談判できるようなら、ASP は必要ありません。しかし、そんな力を持っているアフィリエイターはごく少数です。

そのため、「アフィリエイトで稼ぐ！」と決めたら最初に行わないといけないのは、**ASP 会社に自らのサイトを登録し、その ASP 会社が提供するアフィリエイトプログラムに応募すること**になるのです。

ここまでをざっと振り返っておきましょう。アドアフィリを始めるためには、

① **独自ドメインを取得。**

② **レンタルサーバーを借りる。**

③ **FTP ソフトを活用。**

④ **世界で一つだけのマイサイト、ブログサイトを作る。**

⑤ **ASP 会社に自分のサイトを登録。**

⑥ **ASP 会社のアフィリエイト案件を選ぶ。**

図22　アフィリエイトの仕組み

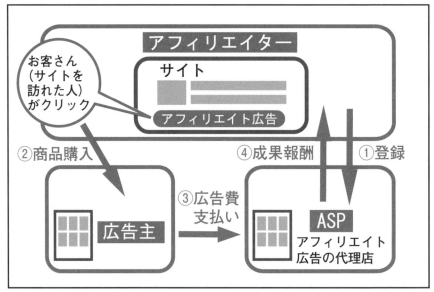

⑦ アフィリエイト開始。

という手順を踏む必要があります。

ステップの①と②は有料です。また①〜⑦のステップでは、「独自ドメインを選ぶのに迷う」「レンタルサーバーと独自ドメインをうまく連携できない」「FTP ソフトや WordPress に慣れるのが大変」「ASP 会社の審査に落ちた」「どのアフィリエイト案件が稼げるかわからない」といった「トラップ（罠）」があって、作業が止まってしまうこともあります。

ただ、このあたりのサイト立ち上げに関しては、僕も含め、アフィリエイトを1〜2年続けていれば、簡単に知識やノウハウを習得できます。

最初は「難しい」「わからない」「いくらやってもうまくいかない」といった壁にぶち当たるかもしれませんが、僕が運営する株式会社アリウープをはじめ、サイト立ち上げに関しては相談に乗ってくれる会社やサイト、コミュニティもたくさんあります。

僕の会社アリウープが運営している**「アフィLab」**（略さずに「アフィリエイト Lab」ともいいます）という、アフィリエイトのやり方を教え合ったり、情報交換したりできるコミュニティがあるので、ぜひ参加してみてください。①〜⑦の最初の関門で挫折しそうになったら、コミュニティのメンバーや僕を含めた複数の講師に相談することもできますよ！　コミュニティの案内は、この本の最後に書いているので気軽にアクセスしてください。

とにかく、自転車に乗れるようになるのと同じで、「いったんわかってしまったら、永遠にわかる」「ちょっとした知識があれば誰でもできる」のがサイトの立ち上げから ASP 会社への登録、実際のアフィリエイト広告の運用開始までの手順です。

最初の一歩でつまずいてしまうと、肝心の「アフィリエイトでお金を稼ぐ」までたどり着けません。

はじめに　第1章　第2章　第3章　第4章　第5章　第6章

ムダな努力をしない主義で行くなら、初期投資の意味で少しお金を払って、この難関を「一足飛びに乗り超える」ことも大切です。

ASP会社にはどんな会社がある?

- -

　アフィリエイトに特化したASP会社の有名どころとしては、**「A8.net」「afb(アフィビー)」「楽天アフィリエイト」「バリューコマース」** などといった会社があります。

　「A8.net」はファンコミュニケーションズという東証1部上場会社が運営する日本最大規模のASP会社です。

　「afb」はフォーイットというIT会社が運営しており、顧客満足度が高いことで有名です。

　その他、楽天市場の商品を主にアフィリエイトで扱っている「楽天アフィリエイト」、アフィリエイト業界では最古参といえる「バリューコマース」などもあります。

　アフィリエイトサイトの運営者すなわち僕たちアフィリエイターの意識調査を毎年行っているアフィリエイトマーケティング協会の2020年の意識調査によると、「一番満足しているASP会社を1社選ぶなら」という質問(回答者2846人)で1位を獲得したのは **「A8.net」** で37.3%。2位は **「afb」** の21.8%となっています。この上位2社が全体の約60%を占めていて、3位以下を大きく引き離しています(**図23**)。

ASP会社は大きければいいというものではない

- -

　むろん、アフィリエイトのASP会社の場合、大きれば大きいほどいいというものではありません。

サイトを作ってネット上の一国一城の主となったとはいえ、こ
ちらは単なる一個人。大手になるほど、ASP 会社の「中の人」
と意見交換して「どんなアフィリが今、稼げるか」を教えてもら
える機会は減りますし、ASP 登録してくれるまでの審査やアフ
ィリエイト成約の承認基準なども厳しくなります。

それほど大きくなくても稼ぎやすい案件がたくさんあって、ニ
ッチな分野で競争相手の少ない案件を提供してくれる優秀な
ASP 会社もたくさんあります。

たとえば、東証１部上場のアドウェイズという企業が運営して
いる**「JANet（ジャネット）」**（図24）という ASP 会社などです。

アフィリエイト初心者の方にとって「いい ASP 会社」の基準は、
やはり、わからないことがあったときの**対応が親切**かどうか。

アフィリエイトである程度、実績が出せるようになったあとに
重要なのは、ASP 会社の「中の人」が担当について、可能な限

図23　アフィリエイターが満足している ASP 会社

ASP 満足度ランキング

1 位	A8.net（エーハチネット）	37.3%
2 位	afb（アフィビー）	21.8%
3 位	Amazon アソシエイト	7.7%
4 位	もしもアフィリエイト	7.3%
5 位	楽天アフィリエイト	6.6%
6 位	バリューコマース	5.2%
7 位	Felmat（フェルマ）	3.6%
8 位	アクセストレード	3.3%
9 位	RENTRACKS（レントラックス）	2.2%
	その他	5.1%

ASP 会社への登録は無料。自分が手がけたいと
思う広告案件に強い ASP など複数の会社に登録！

出典：NPO法人アフィリエイトマーケティング協会「アフィリエイト・プログラムに関する意識調査 2020」より

はじめに
第１章
第２章
第３章
第４章
第５章
第６章

りアフィリエイト案件に関する情報を開示してくれるなど、こちらの相談にいろいろ乗ってくれること。

　こちらが頑張ると、広告主さんと交渉して特別単価を出してくれたり、広告主さんと直接ミーティングを行なう機会も頻繁に作ってもらえるなど、きめ細かい対応が期待できるASP会社が「いい会社」になります。

　「JANet」さん以外では、東証マザーズに上場している**「RENTRACKS（レントラックス）」** も高額案件が多く、登録してみる価値のある、いい会社だと思います。

　とにかく、自分にとって手がけやすいアフィリエイト案件があって、相談にもよく乗ってくれるような、相性のいいASP会社を探しましょう。

　ASP会社への登録はまったくの無料ですので、できるだけ多くの会社に登録してみて、稼げる会社を選んでいくのがいいでし

図24　ASP会社のマイページ画面・JANetの場合

お勧めのASP会社 JANet（ジャネット https://www.j-a-net.jp/）のトップ画面

ょう。

ASP 会社の審査と登録手順

ASP 会社にアフィリエイターとして登録して、ASP 会社が提供するアフィリエイト広告をサイトに掲載して成果報酬を得るためには、審査を受けて「このサイトなら大丈夫だ」という許可を得る必要があります。

これは、サイトといっても中身のないダミーサイトや詐欺的な宣伝手法を使うような一部の悪質なアフィリエイターを排除するためです。

登録には個人情報やアフィリエイト収入を振り込んでもらう銀行口座、そして肝心の自社サイトのメディア名、URL を入力します（次ページの**図25**）。

質問内容は異なりますが、アンケート形式で、「どんな手法でアフィリエイトを行うか」「どんな広告ジャンルに取り組む予定か」「現在のアフィリエイト報酬額」などを聞く ASP 会社もあります。

審査の際に最もチェックされるのは、やはりあなたのサイトが実際に充実していて、定期的に更新されている信頼できるサイトかどうかです。

ASP 会社にしても、顧客である広告主のアフィリエイト広告を怪しいサイトや更新もされていないようなダミーサイトに掲載許可して、広告主の信用を失うことは最も避けたいことです。

ですので、この登録審査に関しては、**まっとうにサイトを運営していて、定期的に記事を更新し、それ相当のページ数があるサイトなら、審査を通すのはそれほど難しいものではない**ので安心してください。

審査を通すだけなら、簡単な日記を 5 日分ほど書いた日記サイ

図25　ASP会社にアフィリエイター登録する流れ

トでも十分です。

　ASP会社にとっても、**やる気のあるアフィリエイターは大歓迎**であり、アフィリエイターが頑張って広告主のサイトにお客さんを誘導してこそ、彼らも広告主から成果報酬を得ることができます。ですので、審査は「落とす」ためにするのではなく、「悪質な人をはじくため」に行われるだけ。

　応募自体は断然Welcomeで、真面目にサイトを構築していればほぼ100％審査に通るので、ご安心ください。

アフィリエイトで報酬を得るための条件とは?

　アフィリエイトというのは、①あなたが運営するサイトに貼りつけたアフィリエイト広告にお客さんが興味を示す、②あなたのサイト上のアフィリエイトリンクをクリック、③広告主のサイト上で、広告に対するアクションをとる、という3ステップが達成されたら、広告主からASP会社を経由して、あなた（アフィリエイター）への報酬が発生する仕組みです。

　「お客さんがどこまで行ったら報酬が発生するか」を決める**「成果地点」**は、

- ●**無料会員登録**
- ●**有料会員登録**
- ●**商品購入（定額）**
- ●**商品購入（定率）**

　など。これらの成果報酬をなるべくゲットしやすいアフィリエイト案件を選び、なるべく成果につながりやすい記事を書くことがアフィリエイトで収入を得るための最初の一歩になります。

　その際、意識することは、**あなたの運営するサイトが多くの人に閲覧されている**ことです。

サイトに誰かがアクセスした回数は**「セッション数」**と呼ばれます。セッション数を上げるためには、検索エンジンの特定キーワードで上位表示されるようになったり、Facebook、Instagramや Twitter など SNS から誘導したりして、なるべく多くの人にサイトを訪れてもらうよう努力する必要があります。

　成果報酬を上げるには、訪れたお客さんがアフィリエイト広告に興味を持ってもらえるような記事作りを心がけることが大切です。あなたのサイトを訪れた人の中で、アフィリエイト広告をクリックしてくれる人が多ければ多いほど、成果報酬を得られる確率が上がります。商品に興味を持ってアフィリエイト広告をクリックしてもらえるように、記事の内容、構成、広告の貼り方・見せ方を工夫することが、アドアフィリで成功するための秘訣です。

アドアフィリでは「リスティング OK」の案件を選ぶ

　晴れて ASP 会社の登録審査をパスしたら、いよいよ、ここからがあなたのアフィリエイトライフの始まりになります。

　ASP 会社にはさまざまなジャンルのアフィリエイト広告の募集案件が掲載されています。

　たとえば、**図26**は JANet に掲載されている、ある**結婚相談所のアフィリエイト案件**です。広告主の名前は匿名にしてありますが、「結婚を望むあなたへ」というキャッチコピーで結婚したい男女を集めて会員登録してもらい、入会金や月会費、お見合い料、成婚料で収益を上げている広告主さんになります。

　案件の紹介には必ず**「成果報酬単価」「成果地点」「プロモーション期間」**が記載されています。

　「成果報酬単価」はその案件が成約した場合、１件あたりでもらえる報酬になります。**通常は金額表示**ですが、中には、成果の何

%というように**%表示されている案件**もあります。

「成果地点」は、広告を見たお客さんが何をしてくれたら「アフィリエイト成功」と見なすかを表示したもの。たいていの場合は**「商品購入」や「有料会員登録」が成果地点**になります。

　図26の案件の場合は、無料会員に登録後に入会金を払って入会してもらえると成果達成となり、2万円の成果報酬がアフィリエイターに支払われることになります。成果報酬としてはかなり高額な部類に属します。

　また、基本情報の下には、さまざまな条件に関する情報もマーク形式で記載されています。

　この案件の場合、**「本人申し込みOK」**となっているので、アフィリエイター自身も婚活したい場合は自分も申し込んで入会金を払えば、2万円が戻ってきます。

　アドアフィリを行う場合に**一番重要なのは「リスティング**

図26　アフィリエイト広告の具体的な案件

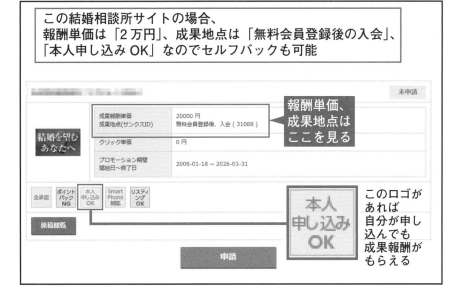

OK」か、少なくとも「一部 OK」になっているか、です。

「リスティング」は検索連動型広告の意味ですから、「リスティング OK」というのは Google の検索欄などに検索ワードごとに表示される広告を打ってお客さんを集めてもいいよ、という広告主の意思表示になります。

たとえば、最も効果の高いワードといえる商品名そのものを検索ワードにした広告を打っても OK、というわけです。

しかし、広告主の中には自社ですでに商品名を検索ワードにしたリスティング広告を打っていたり、名も知れぬアフィリエイターに自社商品・サービスの名前を使った広告を出稿してほしくない会社もあります。

そういった広告主は**「リスティング NG」**をアフィリエイトの条件にしており、「検索ワードに広告費を使ってお客さんを集めること」自体が禁止されているので、そもそもアドアフィリの手法が通用しません。

リスティングが NG でも、検索ワードを指定しないインプレッション広告を打つのは大丈夫といった案件もあります。

ただ、アドアフィリで案件選びをする場合は ASP 会社の「広告検索欄」で「リスティング OK」のものだけを選ぶのが基本といえるでしょう。「NG」という条件なのにアド広告を打つと広告主からクレームが入り、アフィリエイト報酬の承認が却下されたり、最悪の場合、ASP 会社から退会を命じられ、ブラックリストに載る場合もあるので絶対にやめましょう。

むろん、アフィリエイトの案件は先ほど紹介した JANet だけでも 1 万件以上あり、「リスティング OK」のものも大量にあるので、安心してください。

ASP会社のアフィリエイト案件をチェック

ASP会社に登録すれば、その管理画面から自由に案件を見ることができます。「どんな商品がアフィリエイトできるのか」ということは事前に把握しておいたほうがいいです。いや、絶対に把握しておくべき、といってもいいかもしれません。

下の**図27**はJANetの**「広告検索画面」**です。

検索項目の欄には、「新着」か「おすすめ」かといったものから、「リスティングOK」か「本人申し込みOK」か「スマートフォン対応」かまで、「広告詳細」や「成果地点」などにチェックすることで案件を絞り込む機能があります。

やはり自分がやりたいと思うジャンルの広告にチャレンジするほうが成果も上がりやすいので、**一番大切なのは「広告カテゴリ」**

図27　ASP会社の検索画面に条件を入力して案件探し

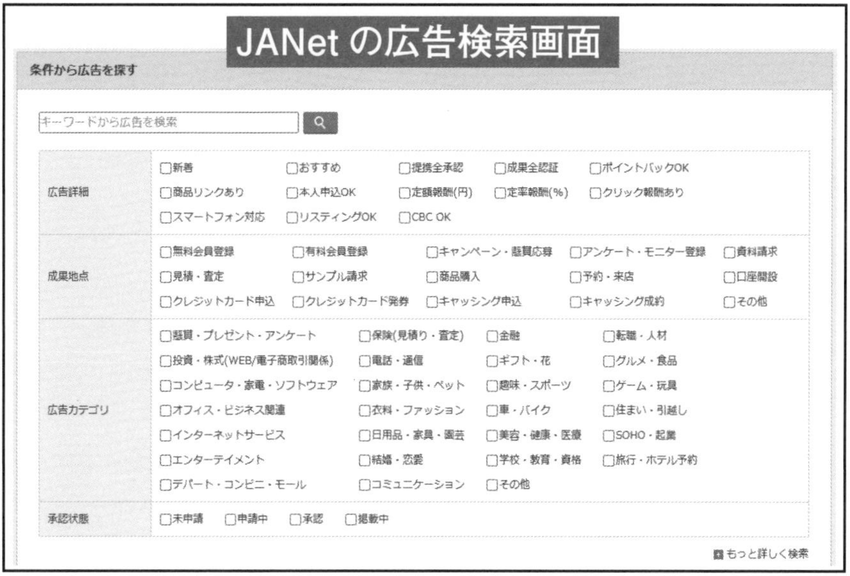

になります。

　JANet の場合、「懸賞・プレゼント・アンケート」「保険（見積り・査定）」「金融」「投資・株式」から「結婚・恋愛」「学校・教育・資格」「旅行・ホテル予約」「デパート・コンビニ・モール」「コミュニケーション」まで計27のカテゴリのアフィリエイト案件があります。

　2021年5月時点では「美容・健康・医療」が最も案件の多いカテゴリになっています。

　ASP 会社によってカテゴリ分けは違いますが、アフィリエイト広告のメインストリームはやはり、**ダイエットや美容・化粧品、健康サプリや健康器具、病気の症状に応じて開発された医療系サプリ・食品**などです。

　具体的にいうと、糖質制限やプロテイン摂取などのダイエット、美脚や美顔などの美容、青汁やサプリなどの健康、脱毛・育毛や便秘・貧血などに効く医療用飲料・サプリといった案件がずらりと並んでいます。

　検索結果から自分が手がけやすいと思ったジャンルにまず的を絞り、「成果報酬」の金額や報酬がもらえる条件となる「成果地点」を参考に案件を選び、アフィリエイト広告の掲載を申請することになります。

セルフバックでまずは広告費を稼ぐ

　アフィリエイト案件の中には**「セルフバック」**が認められているものもあります。

　「セルフバック」とは、ASP 会社に登録した自分自身のウェブサイトから広告主のサイトに飛んで商品やサービスを購入したり、無料申し込みすることで成果報酬を得ること。

　アフィリエイトの趣旨からすると「反則ワザ」に思えますが、広告主の中にはこのセルフバックを認めている会社もあります。

　もし、とことん「無料」にこだわりたいなら、**まずはセルフバックを使って、本書のテーマであるアドアフィリを始めるための元手（広告費）を稼ぐ**のもいいでしょう。

　たとえば、 JANet の場合、**図28**に示したように、広告詳細欄に「本人申込 OK」というチェック項目があり、検索結果画面にもセルフバックが OK な案件には「本人申し込み OK」というマークがついています。

　検索をかけると、セルフバックが可能なアフィリエイト案件の一覧を見ることができます。

　割がいいのは、クレジットカードの申し込みや FX 口座の開設、保険加入、ウォーターサーバーや健康関連商品の定期購入などです。

図 28　自己申し込みも可能なセルフバック案件

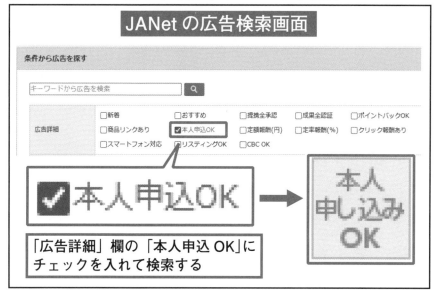

年会費無料のクレジットカードを作るだけで6000円も獲得でき
たり、FX口座を開設して数回取引するだけで１万円前後の成果
報酬を得られたり、月々3300円の定額料金で浄水型ウォーターサ
ーバーを設置すると２万円の成果報酬がもらえたりするケースも
あります。

　特に**クレジットカード**に関しては、年会費無料なら作るだけ作
ってもまったく負担にはならないので、何枚か作ればそれだけで
数万円の報酬がゲットできます。

　さらにアフィリエイトに欠かせない**レンタルサーバーの申し込
みや独自ドメインの取得でも数百円から数千円のセルフバック**が
ゲットできます。

　もし、「このアフィリエイト広告を真剣に頑張ってみたい」と
いう商品があるなら、その商品をセルフバックで購入して実際に
使ってみるのもいいでしょう。

　実際に商品を使ってみた感想を画像入りの文章などにまとめれ
ば、より訴求力のある記事LPを作ることもできます。

　とはいえ、自分が欲しい商品ならともかく、欲しくもない商品
やサービスを購入して、セルフバック報酬を得たとしても、それ
では財布の中のお金は増えるどころか減ってしまいます。

　セルフバックで報酬が発生する条件には、下記のようなものが
あります。

① 無料査定して報酬がもらえる案件

② 無料登録（無料申し込み）して報酬がもらえる案件

③ 商品を購入して報酬がもらえる案件

　基本的には、この３パターンです。①については、査定するも
のがあれば査定してもらってセルフバックを受けることも可能で
すが、そのうち、なくなります。③の商品購入だと結果的に出費
ばかりが増えてしまいますよね。

　そこで、自己アフィリエイトで手っ取り早く稼ぐコツとしては**②の「無料登録（無料申し込み）するだけで報酬が獲得できる案件」**を選ぶこと。

　たとえば、広告主はあえて匿名にしていますが、「本人申し込みOK」「無料会員登録」が認められているセルフバックには、以下のような報酬がもらえる案件があります。

「20代専門転職サイト　1300円」

「初回30日間無料の動画配信サイト　1200円」

「外資系企業へのグローバル転職サイト　1万3500円」

「大手携帯会社のお試し30日間無料のコンテンツ配信サービス1500円」

アフィリエイト広告に即したサイトを作る

　サイトを作るにしてもブログを書き連ねるにしても、もし「アフィリエイトで稼ぐ」ことを一番の目的にしているなら、**アフィリエイト広告が頻繁に出されているジャンルやテーマを選んでサイトを作る**ことが、効率よく稼ぐためにはとても重要です。

　「ブログに趣味のことを書く」にしても、その趣味が**「アフィリエイトをすることで、お金になる趣味かそうでないか」**、ブログを始める前にきっちり考えておく必要があるのです。

　もし、あなたがダイエットオタクや美容オタクで、頻繁にダイエット食品やサプリを自分でも試していたり、美顔器や美脚パンツなどを購入していたら、あなたは天性のアフィリエイターになる素質が十分あります。

　「ダイエット」や**「美容」**はある意味、アフィリエイトの鉄板中の鉄板商品ですから。

　ダイエット、美容に続いて人気が高いのが**「健康」**に関する商

はじめに
第1章
第2章
第3章
第4章
第5章
第6章

品です。この３つは**アフィリエイト商品３本柱**といっても過言ではありません。

　ただ、健康に関してはサプリや食品が商材になりますが、どうしても高齢者の需要が多く、一部を除いて、成果報酬が低めです。高齢者の人はあまりインターネットを使わないので、美容やダイエットほどのうまみはないかもしれません。

　ただ、誰だって健康に関しては気になるもの。自分自身にとっても身近な問題であるケースも多いので、アフィリエイト向けの記事が書きやすいという意味で、最初に始めるにはいい案件といえるかもしれません。

　下世話なところだと、「出会い系サイト」なども高額成果報酬が見込める、人気の案件です。

　ただ、18禁ゲームやアダルト関連の場合、Google などの広告審査を通すこと自体が難しいので、アドアフィリ向きとはいいづらい面があります。

　僕自身、他の「健全な」案件で十分収益を上げることができるので、あえて火中の栗を拾うようなことはしていません。

自動車、金融、不動産など「お金」関連も◎

- -

　自動車、金融、不動産、保険など「お堅い」系の案件もたくさんあります。「RENTRACKS」など、ASP の中には金融系のアフィリエイトに強い会社もあるので、株、FX だけでなく不動産や太陽光発電など、自分も投資活動をしていて、投資のジャンルでアフィリエイトに挑戦したい人はぜひ登録してみてください。

　こうした案件は成果報酬が高いのも魅力です。

　自動車なら買い取り、中古車販売、カーアイテムやカーメンテナンスや自動車保険。

　金融なら、キャッシングやカードローンから証券、FX、保険まで。不動産に関しては投資の他に、売却、リフォーム、賃貸、購入など多岐にわたります。

　中でも**不動産系の売却、リフォーム案件**は成約すれば数百万円から数千万円の高額な売り上げになることもあって、アフィリエイトの成果報酬も非常に高く、狙い目といえます。

　ただし、報酬が高い案件は当然、他のアフィリエイターも狙っているので競争も激しくなります。

　あるASP会社の案件には、

「太陽光発電の工事見積り」（申し込みで報酬1万2000円超）

「IT・Web転職サービス会員登録」（申し込みで報酬1万6000円超）

「司法書士の相談プロモーション」（成約で1万円超）

　といった専門性は高いものの、高額報酬が狙える案件がたくさんあります。また、

「中古トラック一括査定」（申し込みで6000円超）

「外壁塗装・外壁リフォームの一括見積り」（申し込みで6000円超）

　など、**ニッチなせいで競争相手が少ないものの、お客さん側にコアなニーズ**があって、意外と有望案件に育ちそうなアフィリエイトもあります。

　このようにASP会社のアフィリエイト広告の案件を見たら、「世の中にはこんな広告主のニーズがあるのか」とその数に驚くとともに、

「この案件は専門性が高くニッチで競合相手が少ないな」

「案件にさまざまなニーズがあって、切り口が豊富だな」

「この案件でわざわざ検索をかけるお客さんは『今すぐ客』だな」

といった想像が湧いてくる商品やサービスも多数あります。

はじめに

第1章

第2章

第3章

第4章

第5章

第6章

何度もいいますが、「アフィリエイトはオワコン」「儲からない」といっている人たちは、ASP会社の案件をいちいち見る努力すらしていないのかもしれません。

　「努力しない努力が大切」といってきましたが、**こと、案件選びの部分だけは「ここだけはしっかり努力をするところ」**です。

　世の中は、さまざまなモノやサービスに対するニーズであふれています。

　そうしたニーズにしっかり応えたサイトを作るのが、アフィリエイトで稼ぐための礼儀作法です。

　「自分のことだけしかしゃべらない人」が一般の社会でも嫌われるように、**「他人のニーズを意識してブログやサイトを作れない人」**はネット社会では見向きもされないのです。

　当然ですが、ペイ・パー・ビューは稼げませんし、アフィリエイトの収入なんか期待できません。

第5章

アドアフィリで
一番大切!
「稼げる記事LP」の
書き方
お客を呼び込む
S級の切り口
設定法

はじめに

第1章

第2章

第3章

第4章

第5章

第6章

「切り口」がいろいろあるか、という点に注目

　第4章ではアフィリエイトを始めるために必要なサイト立ち上げからASP会社の登録法、広告案件の種類や選び方について解説しました。

　第5章では、実際にお客さんをアフィリエイト広告に誘導するために必要不可欠な記事の書き方について考えていくことにしましょう。

　宣伝くさくなく、アフィリエイト商品に対する興味・関心や購買意欲が自然と湧いてくるようなサイトが理想です。

　お客さんをアフィリエイトの広告主サイトに誘導する記事であり、かつお客さんが最初に閲覧する「LP（ランディングページ Landing Page）」でもあることから、僕たちアフィリエイターが作るページは**「記事LP」**と呼びます。

　記事LPはWebサイトで広告主の商品に関心を持った訪問者が最初に見るページであり、かつ、アドアフィリの場合、検索連動型広告やディスプレイ広告などからたどり着いたお客さんを広告主サイトに誘導し、商品購入や会員登録、問い合わせをしてもらうことに特化したページになります。

　記事LPを作るために大切なのは**「切り口」**です。

　たとえば、「耳鳴りに効く漢方サプリ」とか「骨盤矯正ショーツ」といった特定の症状や部位だけをターゲットにした商品の場合、切り口もその症状や部位に限られてしまうので、どうしても記事にバリエーションをつけるのが難しくなります。

　かといって「ダイエットに抜群の効果があるサプリ」「健康にいいお茶」など、具体的な効能やセールスポイントのない商品はそもそも切り口自体を見つけにくいので、記事にしづらいです。

　無理やり記事にしてお客さんを誘導しても、商品自体の魅力が乏しく、特定のお客さんのニーズを刺激する訴求力もない場合は、なかなか成果も上がりません。

　第４章では「自分も興味があって得意なジャンル」「ダイエット、美容、健康が３大柱」「金融系は高額案件が多い」「ニッチで専門性の高いジャンルなら競争相手も少ない」といった広告案件選びの基準を書きましたが、やはりお客さんを呼べる記事を書いてなんぼの世界です。

　そのため、アフィリエイト案件を選ぶときは、**「刺激的で特定の購買層に強く訴えかけるような記事が書きやすい」**といった基準も大切になってきます。

稼げる案件の料理法①　男性ヒゲ除毛

　たとえば、ダイエット、美容、健康がアフィリエイトの３本柱といいましたが、こうしたジャンルはアドアフィリではなく、一般のブロガーにも「ダイエットオタク」や「美容好き」がたくさんいるので過当競争になりがちです。

　その点、広告主のニーズが高いのに、一般のブロガーはあまり触っていないのが**男性美容のジャンル**です。

　女性ブロガーさんで「今日ダイエット始めた」とか「この化粧水使ってみた」というブログを書く人はたくさんいますが、男性ブロガーが「毛が濃くて悩んでいる」とか「ヒゲ剃り後の肌荒れで困っている」といった話をブログに書くのはまれですよね。

　にもかかわらず、最近は男性向けの育毛、脱毛、ヒゲ除毛といった毛髪関連商品にも根強い需要があります。自分自身も毛髪で悩みを抱えているなら、ぜひ取り組んでみるべきでしょう。

　たとえば、ヒゲ除毛案件の場合、いったん購入するとリピータ

ーになるケースが多いためか、成果報酬が高いアフィリエイト案件が多数そろっています。

　図29は、よくある案件例を架空の広告にして紹介したものです。初回申し込み1000円に対して、支払われるアフィリエイト報酬は1万3000円と、申し込みのハードルが低いわりに報酬が非常に高い案件です。金額だけは実際にある案件をそのまま引用しています。広告主にしてみると、**いったん申し込むと高いリピート率が見込める**ため、アフィリエイターに1万3000円もの報酬を払ってでも顧客を見つけたいというわけです。

　女性向け脱毛に関しては薄着になる初夏の6～7月に申し込みが殺到しますが、冬には恐ろしく売れないのが一般的です。その点、男性向け、それも「ヒゲの脱毛や除毛」に関しては**通年需要**があります。男性のヒゲの場合、いつでも露出しているからというのが大きな理由です。

図 29　男性ヒゲ除毛に関するアフィリエイト案件

　ちなみにダイエットや女性の脱毛系は**季節性**が高く、ダイエットに関しては正月太り解消もあって１〜２月、また薄着になって体形が露出しやすい５〜６月がかき入れ時になります。

　なので、アフィリエイト案件を選ぶときは季節性についても意識したほうがいいでしょう。努力をなるべくしないで効率よく稼ぐためには、「その商品に通年需要があるか」が大切です。

　さらに、男性の美意識を喚起するような商品は最近、多くの注目を集め、**伸び盛りの市場**になっています。男性美容が急速に拡大しているという市場動向や時代背景も意識しましょう。

　よく「時代の流れには勝てない」といわれますが、**時代の流れや世の中の潮流を味方につける**ことも、アフィリエイトで大成功するポイントになります。

　ある意味、伸び盛りの市場の売れ筋商品を誰よりも早く見つけてアフィリエイト広告を打つことが、「15人に１人」という月間報酬100万円以上の勝ち組になる近道ともいえます。

　実際、通勤などで電車を利用されている方は、男性向けのエステや美容に関する車内広告をよく見かけたりしませんか？

　それらの広告は、毎日、出勤中にその広告を見てもらうことで、20代、30代の男性サラリーマンに「美容」というキーワードを刷り込むために掲示されているのです。

　ある種、洗脳に近い通勤時間を終えて帰宅した男性がそれこそ何万人といるわけですから、帰宅後にネットの検索欄に「ヒゲ脱毛」とついつい打ち込んで検索を始める人が相当な数いてもおかしくありません。

　そんな人が「最後の一押し」といえる誘いの言葉を並べたあなたの記事LPにたどり着けば、ヒゲ除毛の商品購入に向かう確率はかなり高くなります。

　ましてや、専門家の施術が必要になる脱毛に比べると、除毛は

はじめに

第1章

第2章

第3章

第4章

第5章

第6章

クリームなどでもできるので、ハードルがグッと下がります。

　しかも、紹介したアフィリエイトの案件は**「初回割引購入」**、すなわちお試しにすぎませんから、お客さんが購入まで進んで成果報酬が得られるハードルはかなり低いといえるでしょう。

　通勤電車の中で何気なく見ている広告って結構、頭の中に知らず知らずのうちに刷り込まれるものです。それを無意識のうちに見て洗脳される側になるのではなく、意識的に見ることができるようになれば、アフィリエイトの商材選びにも役立つはずです。

　たとえば、**美容外科や男性エステ**などの車内広告って本当に多いですよね。通勤時間にそれだけの刷り込みがあるわけですから、同じアフィリエイトでも美容外科や男性エステ関連は、切り口さえしっかり設定できるものであれば、鉄板といえる収益性があると考えて間違いないのです。

有望案件の切り口を見つけて記事 LP を作る

　男性にとってヒゲはとても身近で、いつも無意識に気にしている存在のため、多数の切り口があります。そのため、「あるある」ネタを探しやすい点でも有望なテーマです。たとえば、

① **「寝坊した朝に限ってヒゲが伸びている……」**
② **「ヒゲ剃りは肌荒れの原因」**
③ **「カミソリ負けする敏感肌」**
④ **「そもそもヒゲって必要なの？」**
⑤ **「忙しい朝にヒゲを剃る時間って無駄じゃない？」**

　などなど。切り口が豊富です。

　朝の忙しい時間のヒゲ剃りに焦点を当てた①の記事なら、
「起きる時間を10分節約!!　朝一番のヒゲ脱毛」

といったタイトルなんかどうでしょうか。

②の「肌荒れ」や③の「カミソリ負け」を切り口にするなら、

「ヒゲが濃い、でも肌弱い！　そんなあなたに……」

といったタイトルで、その商品が肌荒れにも強いといった面を強調するのもいいかもしれません。

④のヒゲ不要論で攻めるなら、

「20代女性の6割はヒゲ男が嫌い！」

など、ネット上に落ちているアンケート結果などのデータを流用して記事を作る方法もあります。実際にあるメンズ脱毛の総合サイトが行った20〜39歳女性に対するアンケートでは「嫌だ」が20％、「ちょっと嫌だ」が43％だったそうです。

⑤のヒゲを剃る時間は、①の朝のヒゲ剃りとダブる部分もありますが、

「一生で2000時間、ヒゲ剃り時間節約法」

といったおまとめサイト風の記事もありうるでしょう。

こうした切り口や記事LPのタイトルは四苦八苦して、自分自身で考える必要はありません。

自分で考えなくても、ネットで検索して上位表示されているサイトのタイトルをいろいろ見てマネをすれば、いくらでも似た切り口やタイトルを考えられます。

他にも雑誌や電車の広告からヒントを得たり、SNSの書き込みから情報収集したり、要は自分自身でひらめく必要はまったくありません。

テレビの通販番組なども参考になります。

たとえば、「ジャパネットたかた」のテレビCMなどでは「今だけ」「通常は1ついくらのところが今回は3つでいくら」といった独特な販売方法や「なんと、こんな機能まで」「さらにお得なこんなサービスもついて」といった商品解説の定番フレーズが

はじめに

第1章

第2章

第3章

第4章

第5章

第6章

使われています。広告を見ながら、そういった気になるフレーズをメモったりしておくと、アフィリエイト商品のキャッチコピーや効能説明にもきっと役立つはずです。

「切り口」で訴えかける人を限定するのも一つの方法

アドアフィリでは広告を打って、人を集め、成果につなげるので**「どの層に向けて訴えかけるか」**も大切です。

ターゲットが広すぎるとクリックされてアクセスはあるものの、それほどアフィリエイト広告の商品・サービス購入に熱心ではない人の割合も多くなってしまいます。

検索連動型広告はクリック課金型なので、**クリック数がかさんで広告費用だけが上がっても**、思ったより成果に結びつかないケースも出てきます。

重要なのは、なるべくアフィリエイトの商品・サービスを購入してくれそうな買い気の強い人に向けて広告を打つことです。

Googleの検索連動型広告GSNでは、Googleの持つAIが「より購買意欲の高い検索者」に向けて広告を出す裏のシステムも稼働しているようですが、当然、記事LPを書く段階でターゲットを絞っておくべきです。

「こういう人は必ずこの商品・サービスに関心がある」という強い必要性や購入需要のある人に向けて記事を書くことで、成約率を高めることが大切なのです。

たとえば「38度以上の熱がある人」はほぼ100%、「解熱剤」や今なら「PCR検査」「コロナ入院」に強い関心があります。「明日キャンプに行きたい」という人は「予約なしで行けるキャンプ場」や「明日の渋滞情報」を知りたいと思うはずです。

さすがに解熱剤や渋滞情報アプリのアフィリエイト広告はない

ですが、要するに**「アフィリエイトの商品・サービスを絶対に必要とする人」**をターゲットにした記事LPの切り口を考えれば成約率が上がるということです。

稼げる案件の料理法② マイホーム売却査定

以前、僕は**「マイホームの売却見積もりサイト」のアフィリエイト**をしたことがあります。

僕が勤めるアリウープでは、これまでのアフィリエイト実績から**「リサーチシート」**という、一般ユーザーが実際に検索しているキーワードを、関連ワードも含め一気に400種類も抽出できるツールを開発しています。

たとえば、「マイホーム」とそのリサーチシートに入力すると、「頭金」「リフォーム」「設計事務所」「住宅ローン」「ローン残債」などなど、キーワードがずらりと400個も出てくるツール（検索ボリュームが少ないと抽出数が少ない場合もあります）で、アリウープが運営する「アフィLab」の参加者からも「これは便利」「記事LP作りで悩まずにすむ」と大好評です。

要するに、「あることで悩んでいる人がどんなキーワードを入れてGoogleやYahoo! JAPANの検索ページで検索をかけているのか？」という生のデータを膨大に取得できるというわけです。

このリサーチシートの中のキーワードから、「どういった層にどんな切り口で広告を打つか」を決めることができます。

そして、そのツールに「マイホーム」と打ち込むと「離婚」というキーワードも出てきました。

つまり**「マイホーム　離婚」**というキーワードで検索をかける人が相当数いるということですね。

よくよく考えれば、ラブラブの新婚時代にマイホームを購入し

はじめに

第1章

第2章

第3章

第4章

第5章

第6章

たものの、残念ながら当初の熱愛が冷め、離婚を決断する夫婦も多いと思います。

　そういう夫婦は当然、離婚で関係を清算する際、マイホームの売却が差し迫った課題になります。

　厚生労働省の「人口動態統計の年間推計」によると、2019年の婚姻件数は59.9万組、一方、離婚件数は20.8万組になっていて、およそ3組に1組は離婚する時代です。

　先ほどいった「時代背景」から見てもおいしい切り口といえるでしょう。さらに、離婚を決意したあと、「じゃあ、家を売ろう」という人は離婚件数から見ても、相当な数に上るはずなのに、あまり注目されていません。というか、離婚が決まった時点で、99％の人は「じゃあ、この家、どうする？」という緊急事態に直面するものなのです。

　つまり、「マイホーム　離婚」と検索した人はかなり**ニッチなターゲットにもかかわらず相当強い必要性**を持って「マイホームを売りたい」と思っているはずだ、と僕は考えました。

　そこで「離婚のときにまずしておかないといけないこと。家の売却はどうする？」といった切り口で、ターゲットを「離婚」だけに絞った記事LPを作って、僕のサイトに誘導し、「マイホームの見積もりサイト」で見積もり申請してもらうスキームを考えました。

　当時は、こんなピンポイントの切り口を考えるライバルは少なかったため、競合相手となるアフィリエイターの数も少ないだろうと予想できました。

　ターゲットが決まったら、すぐに実際の記事作成です。

　離婚した場合、具体的にはその後の財産分与のとき、「マイホームがいくらで売れるか」を知りたいと思うはずです。そこで、**「離婚で後悔しないために必要なこと」**という仮タイトルを設定

しました。そして、**「離婚調停でのトラブル続出中!?　離婚時に『住宅ローン』があるなら今すぐやっておくべき事とは？」**という説明文を加えて、アドアフィリの広告を作成しました。

　具体的な記事LPは**「マイホームの正確な契約状況と『価値（正確な数値化）』を知る」**ことをテーマに作成しました。

　その実例が**図30**になります。

　記事では、夫婦トラブルで離婚が頭をよぎっている人たちに向けて、「でも、住宅ローンが残っていませんか？　そんなときにやっておくべきことがあります」という導入部から、マイホームの価値を具体的な金額として数値化する方法や住宅ローンの契約状況、つまり誰がローンを払っていて、いくら残っているのかの確認方法などを紹介しています。

　流れとしては、

　「離婚しても家に住み続けるからいい、と思う人も多いが、離婚

図30　離婚でマイホーム売却の記事LP・具体例1

広告主

持ち家
売却査定
サイト
↓
離婚夫婦
に標的を
絞って
記事LP
作成

離婚調停でのトラブル続出中！？
離婚時に「住宅ローン」があるなら今すぐやっておくべき事とは？

夫婦トラブルで離婚が頭をよぎってしまった。

しかし、我が家には住宅ローンが残っている・・・。

そんな時、すぐにやっておくべき事があります。

それが出来ているかどうかで、いざ離婚の手続きへ進めることになった際、トラブルに発展する可能性が大きく変わってきます。

後回しにすると、きっと後悔しますので、ぜひ今すぐやっておきましょう。

●マイホームの正確な契約状況と「価値（正確な数値化）」を知る

簡単に言うと、知っておくべきことは以下の2つです。

- マイホームの価値
　（具体的な金額として数値化）
- 住宅ローンの契約状況
　（誰が払っていて幾ら残っているのか）

どちらも、今すぐ自宅でカンタンに調べられるので、以下の記事を読み進めながら確認してみましょう。

調停になると財産分与の話し合いが行われるのが普通」→「財産分与するうえでも、マイホームという財産の金銭的な価値を知っておかないといけない」→「マイホームの価値は不動産業者に査定してもらうことで簡単に調べられる」といった感じで、**図31**のようなイラストつきの記事LPを作りました。

　ネット上で調べて、自分が思っている売却予想額と実際の査定額には「平均で575万円の差がある」といった具体的な金額も入れることで、**イメージしやすい記事にすることも大切**です。

　そして「こちらの無料査定サービスを見てみましょう」という誘導文句でさりげなく広告主のサイトを紹介しました。

　さらに「住宅ローンの契約状況を知る」といったコンテンツも作って、「売却のケース」「住み続けるケース」のそれぞれで、どんな問題が起こるかを検証しました。

　住宅ローンやマイホームが離婚トラブルの中で揉め事になりや

図31　離婚でマイホーム売却の記事LP・具体例2

すく、事前準備が必要なことや単に情報収集の意味でも、マイホームの売却の仕方や売却額について知っておいたほうがいい、という形で再び、アフィリエイト広告主で実際にマイホーム売却査定をした具体例を掲載しました（**図32**）。

　この案件はニッチなターゲットですが、必要性の高い層に絞り込んだことが功を奏し、かけた広告費に比べて成約数が多い、利益率の高い案件に育ちました。

　アフィリエイト広告のサービスや商品を使わざるをえない**「強需要」**（僕の造語です）のあるターゲットを探す。そのターゲットがニッチであればあるほど、ライバルは少なくなり、結果的に高収益案件になる。「離婚　持ち家」から得た教訓がこれです。

　記事LPの切り口は、「どういったニーズの人に訴えかけるか」という**「ターゲット分析」**をしっかり行ったうえで考えることがとても重要になるわけです。

図32　離婚でマイホーム売却の記事LP・具体例3

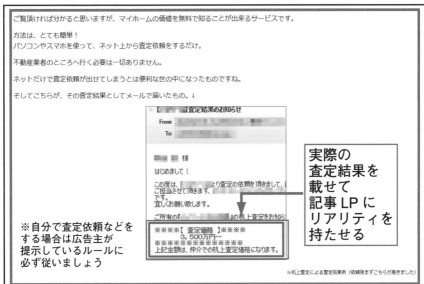

とはいえ、そんなに難しく考える必要はまったくありません。

今、ご紹介したような切り口は僕自身が「知識」や「経験」として自分で考えたり、身につけたものではありません。

「すでに実績が上がっていそうなアフィリエイターはどんな記事LPを書いているのか」というリサーチをして、ネット上から拾ってきたものを少し自分なりに加工したものにすぎません。

「自分には、人を惹きつけるような記事LPを作る才能がない」と不安を感じている方はどうか、ご安心ください。記事LP作成のアイデアやヒントはネット上にすでにたくさんあって、ある意味、それをマネすれば、誰だって素敵な記事LPを作成することができます。

人を惹きつける記事LPのコツとは?

記事LPの作り方については書き出したら止まらないほど、さまざまなノウハウがあります。

たとえば、「健康　お茶」で検索してきて、あなたの検索広告に興味を持ってサイトを訪れたお客さんが一番気になっているのは、きっと「このお茶は果たして、自分が抱えている体の不調や悩みに効くのか?」のはずです。ということは、まず記事で一番目立たせるべきなのは、その**お茶の効能**で決まりです。

たとえば、**「リピート率、驚きの90%!　このお茶はスゴイ」**というように、多くの人たちから支持されているという面を強調してもいいでしょう。

「キャベツ1玉分のビタミン」「糖質ゼロで白米1膳分のたんぱく質」など、扱う商品の効能に焦点を当てて、ピンポイントで何に効くかを示すのも王道です。

「薬剤師が勧めるお茶」「管理栄養士も毎日飲んでいる」といっ

たように、「権威づけ」して、深層心理に訴えかけるのもアリです。

　そもそも検索連動型広告を見たお客さんは「キーワード→記事→アフィリエイト商品」の順で進みます。

　検索画面に上位表示される記事は、その商品を検索してきた人のクリック率なども加味して決められています。ということは、検索上位ページに表示されていないような内容の記事を作っても、結果として上位ページに表示されることはありません。

　商品名を入力したときに、上位に出てくる記事と似たような記事を作り、そこに自分のサイトだけにしかない「プラスアルファ」を足してみる、という発想なら、一からすべてを考える必要がないのでずいぶんラクに感じられるはずです。たとえば、

「上位記事以上にインパクトのある見出しをつける」
「上位記事２つのいいとこ取りをする」
「上位記事と切り口を少しずらす」（たとえば、60代がターゲットだったら、より高齢者もしくは若い人にターゲットをずらす、など）、といった手法です。

　つまり、PPCアフィリでは**「カンニング」**することも大切。

　ぶっちゃけた話をすると、初心者の方は何も考えずに、「商品名を入れて出てきた検索上位記事の中にあるキーワードを部分、部分切り取って記事を作る」という**「猿マネ」**に徹してもまったく問題ありません。

　むろん、**単なるコピペは厳禁**で、多少のアレンジ力は必要です。まったくの盗用だとそもそもGoogleの広告審査を通らないのでご注意ください。

　アフィリエイトの有望案件の選び方や記事LPの作り方について概略をまとめると、以下のようになります。

●**競争が激しくないジャンルを選ぶ。**
●**成約のハードルに比べて成果報酬が高い案件を選ぶ。**

- 伸び盛りの時代背景にあった広告を選ぶ（男性美容など）。
- 記事作成の「切り口」がたくさんある案件がベター。
- 「切り口」の中でもターゲットを絞って訴えかける人を絞る。
- 記事作成のヒントは通販番組や電車の車内広告にあり！
- ニッチ性の高い案件は競争が少なく収益が得やすい。
- 競争の激しい案件では差別化できる記事作りが重要。
- お客さんの立場になって広告案件の「隠れたセールスポイントを探す」。
- 「今だけ」といった強いニーズのある案件は強い。

といったところでしようか。

　いろいろあって「難しい」「面倒くさそう」と感じる方もいるかもしれません。しかし、記事LPの作り方のノウハウもある程度、経験を積めばマニュアル化できるので安心してくださいね！

　僕たちアリウープには、すでに10年以上もアフィリエイトの実績があるので、こうしたノウハウを反映した記事LP作成のソフトを作成したり、さまざまなテンプレートを用意して、あらゆるアフィリエイト案件の記事を簡単に作成できるような体制を整えています。じゃないと、少ない人数で月間1000万円の成果報酬を得ることはできません。

　もし、あなたがアフィリエイトを一から始めたいと思ったら、僕たちアリウープが主宰する「アフィLab」に参加するだけで、一定レベル以上の知識やノウハウ、さらには最新の情報を入手できます。

はじめに

第1章

第2章

第3章

第4章

第5章

第6章

第6章

Googleの検索連動型アドアフィリで月10万円を半永久的に稼ぐ「王道・展開」ページの作り方

Google向け検索連動型アフィリエイト広告の作り方

- -

　第5章では、アドアフィリでお客さんを呼び込むための記事LPの作り方を解説しました。ここまで来たら「S級アフィリエイト」で成功するまで秒読み段階です。

　本書の最後に、基本中の基本である検索連動型アドアフィリの具体的な始め方を説明します。

「お客さんが検索ワードを入力して表示した検索ページの目立つ場所に、広告費を払って自分のサイトの広告文を表示してもらう」

　というのが**PPC（ペイ・パー・クリック）アフィリエイト**です。

「Google 先生」という言葉もあるように、検索エンジンに関しては、Yahoo! JAPAN の Yahoo! 検索も Microsoft の Bing も到底かないません。Apple は自前の検索エンジンは持たず、Google 検索を Safari のデフォルトにすることで高額な費用を Google から得る戦略に徹しているようです。

　図33は米国の IT リサーチ企業が調べた2020年10月時点のデスクトップ PC における日本国内の検索エンジンシェアですが、**「Google 79.7%」「Yahoo! JAPAN 12.5%」「Bing 7.4%」**が3強になっており、それ以下はすべて1%以下のシェアしかありません。スマホなどモバイル機器では Bing のシェアが1%以下までガクッと落ち、Google74.8%、Yahoo! JAPAN24.8%の2強になっています。

　いずれにしても日本における検索エンジンのシェア No.1は7〜8割を占める Google をおいて他にはありません。

　つまり、検索連動型アフィリエイトを始めるなら Google 広告で Google の検索エンジンに広告を打って集客するのが必要不可欠になります。

そこで、Google の検索連動型広告、GSN（Google サーチ・ネットワーク）を使ったアドアフィリが、まず取り組むべきアド運用の対象になるのです。

PPC アフィリエイトの流れ

PPC アフィリの「基礎」をしっかり叩き込む意味でも、一連の流れを一から順に追っていきましょう。その流れは、

① **商品選定**
② **キーワード選定**
③ **サイト作成**
④ **広告出稿**
⑤ **広告管理**

となります。

図 33　検索エンジンの国内シェア（PC・2020 年 10 月）

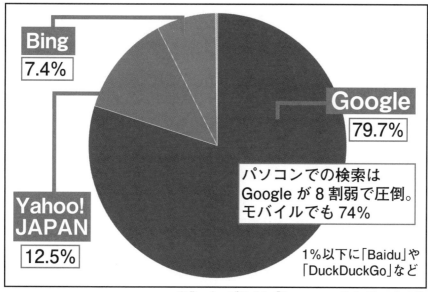

出典：ウェブサイト「Statcounter GlobalStats」より

商品選定についてはすでに第5章のアフィリエイト広告の料理法で、「男性用除毛クリーム」「離婚に限定したマイホーム売却査定」と見てきましたが、ASP会社が紹介してくれる案件は無数にあります。

「自分が興味を持てる案件か？」

　が一番のポイントになります。自分が関心を持っている商品やサービスならセルフバックで初期の広告費用を稼ぐことができますし、記事LPの切り口もたくさん見つけられるはずです。

　さらにいうなら、

「他人の気持ちになって考えること」

　具体的には、アフィリエイトを行う商品やサービスを購入したいと思うお客さんの気持ちを徹底的に考えることです。

　なかなか他人の気持ちになるのが難しいと感じるなら、**自分の気持ちをもう一人の自分になって観察**してみてください。

　「この商品、買いたい！」という気持ちになったとき、あなたは何を考えていますか？

　「この商品のどこが自分にとって魅力的に映ったのか？」「仮に買ったとするなら、どこがセールスポイントだったのか？」「そもそも、どんなニーズや気分でその商品を買おうと思ったのか？」など、ASP会社が提供してくれる案件を一つ一つ見ながら、仮に「自分が買うとしたら……」と考えて、心の中に起こる変化をよく観察してみてください。

　「数ある商品からその商品を選んだ理由は？」

　「その商品で一番魅力的に思えたポイントは？」

　「惹かれたのは価格？　機能？　デザイン？　どこ？」

　といった商品特性から、

　「どの検索ワードで検索して最終的に買った？」

　「数ある検索連動型広告のうち、その広告をクリックしたのはな

ぜ？」

「記事LPのどのキャッチコピーに惹かれた？」

「買うぞと決心する最後の決め手は何だった？」

といった購買に至るまでの自分自身の心理状態を詳しく振り返ってみてください（実際に購入する必要はありません）。

まるで犯人を捜す探偵のような気持ちになって！

「他人でもおそらくそう考えるだろうな」と納得できる商品だったら、その商品がアフィリエイトのターゲットになります。

基本は商品名。検索ページからの逆算法も

商品の選定が終わったら、次は検索エンジンにひっかかってくるようなキーワードの選定になります。

最もオーソドックスなのは、**アフィリエイトする商品名やサービス名をそのままキーワード**にすることです。

わざわざ、その商品を検索欄に入力して記事を検索している人というのは、「その商品を買いたい」「買うためにはどうすればいいかを調べたい」という購買意欲の非常に高い人です。

なので、最も強力で成約率の高い検索ワードになります。

たとえば、「健康茶○○」という商品なら、その商品名そのもの。「持ち家売却一括査定」というサービスなら、そのサービス名そのものをキーワードにして広告を打って集客することになります。

そこで、商品選定が終わったら、次に必ずやってほしいのが、

商品名・サービス名でGoogle検索をかけること。

たとえば、**「持ち家売却一括査定」**というサービス名のアフィリエイト広告をあなたも手がけたい場合、そのワードでそのままGoogle検索してみます。すると、

「大手6社一括査定サイト」「不動産売却・自宅にいながら

はじめに

第1章

第2章

第3章

第4章

第5章

第6章

WEBで無料査定」「家の一括無料査定・おかげさまで利用者736万人突破」といった広告が上位表示されます（**図34**）。

こうした広告こそ、あなたのライバルであるアフィリエイターがアドアフィリのために出稿したものです（むろん、広告主自身が広告を出している場合もあります）。

その中にゆくゆくは自分の記事LPの広告も掲載されるわけですから、**アド広告の傾向を見て、それと似たようなタイトルやサブタイトルをつける**ことが広告文作成の基本になります。

当然、まったく同じ切り口だとかぶってしまうので、従来の検索上位広告にない切り口を少しだけプラスアルファすることが大切です。商品名・サービス名をキーワードにする場合でも、サブでどんなワードを使うと上位表示されるか、**検索ページの広告文から逆算して考える発想**が大切になるのです。

「持ち家売却一括査定」というキーワードで検索した場合、図34

図34　「持ち家売却一括査定」の検索で登場した広告例

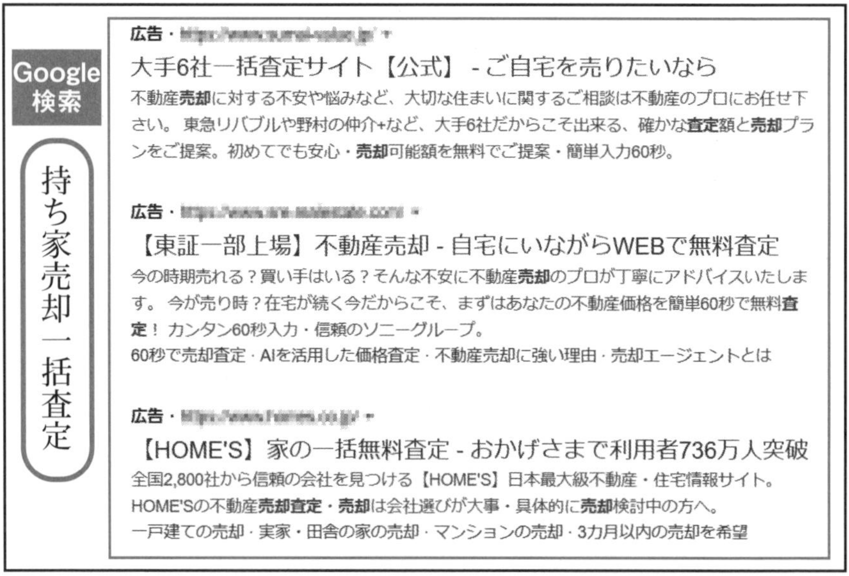

にもあるように、「持ち家」ではなく「不動産」という言葉が入ったサイトの掲載が多くなっています。ということはアフィリエイト広告のサービス名は「持ち家売却一括査定」ですが、「不動産」というキーワードと「一括査定」というキーワードで登録したほうが、より多くの人が検索してくれるかもしれません。

「じゃあ『マイホーム』というワードだったらどうだろう？　『マンション売却』『一戸建て売却』はどうか？　一括査定の代わりに『見積もり』とか『比較』というワードを使ったら？」といったように、**商品名の検索結果からキーワードの候補を逆算して最適化**していきましょう。

　この例の場合、「持ち家売却一括査定」という言葉で検索したのに、一つも「持ち家」というワードが入った記事は上位表示されていません。ということは「不動産　一括査定」「家　売却」というように、サービス名の「持ち家」の代わりに「不動産」か「家」という言葉をキーワードに入れたほうが、より多くのお客さんを集客できる可能性が上がるのかもしれません。

　逆に、「持ち家」で検索しているのに他の広告は「不動産」という広告文を使っているなら、こちらは持ち家という検索ワードに対してダイレクトに「持ち家」という広告文を入れることで属性マッチが起きて、成約率が上がる可能性も考えられます。

　繰り返しになりますが、キーワードの選定は**カンニング**。答えは検索欄の中にあります。

　Googleの検索結果は広告という以前に、**ある検索ワードに関する世の中の人気投票**です。上位に示されている記事の傾向と対策を知ることが、世の中の人々のニーズ（人気）をつかむための手がかりになります。

　ビジネスの世界では「マーケティングが大切」といわれていますが、**キーワードの選定こそマーケティング力**を発揮すべき分野。

はじめに

第1章

第2章

第3章

第4章

第5章

第6章

勝手に自分で「このワードがいい」と決めるのではなく、しっかり、検索結果をマーケティングして「どのワードだとお客さんが増えそうか」「一番お客さんが思いつきそうなワードは何か」「その中でも競合相手が少なくて上位表示されそうなワードや表現方法は？」といったマーケティング的な視点で考えましょう。

　ただし、アフィリエイト案件の中にはここで説明した「商品名」をキーワードとして登録することが禁止されているものも多いのが実情です。広告主が定めているルールは必ず守りましょう。

記事 LP は広告主サイトと似せて作るのが基本

　商品の選定が決まったら、次は**「サイト作成」**になります。

　僕の勤めるアリウープでは効率よくアフィリエイトサイトを作成するため、「ひな形サイト作成ツール」を独自に作って、ブログ感覚でサイトの量産ができる体制を整えています。

　しかし、何事も基礎が大切。そこで、すでに用意されたサイトのトップ画面用の HTML ファイルに、用意したテキストや画像のファイル名をコピペしていって、オリジナルのサイトを作成する手順を紹介しましょう。

　サイト作成には HTML などのサイト作成に使える無料のテキストエディタ **「TeraPad（テラパッド）」** を使います。WindowsOS のみで使えるソフトですが、サイトを作成するときのテキストエディタとしてはとてもポピュラーで、「TeraPad 公式ダウンロードサイト」（https://tera-net.com/library/tpad.html）から無料でダウンロードできます。

　図35a は TeraPad に僕の作った記事作成用のテンプレートをコピペしたものになります。

　上から「★商品名★」「★ ASP ★」「★サイトタイトル★」「★

サイトの説明★」「★キーワード★」というように、サイトに表示したり埋め込んだりする要素を書き出しています。

　このテンプレートでまずは記事を作成します。

　今回は「すぐできる車査定」「イッパツ車買取比較」「車査定・買取の入口」という３つの広告主のサイト（ダミー）に誘導する記事LPを例にサイトの作り方を紹介しましょう。

　まずは項目ごとにタイトルや説明文を書き込んでいきます。

「★商品名★　すぐできる車査定　イッパツ車買取比較　車査定・買取の入口」

「★ ASP ★　レントラックス」

「★サイトタイトル★　プリウスを査定する方法ならコチラ」

「★キーワード★　プリウス、査定」

「★キャッチコピー★　あなたのプリウスを査定するならコチラ」

図35a　記事作成用のテンプレート

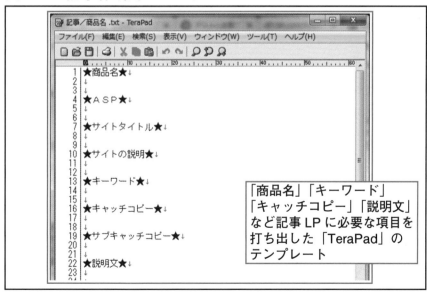

「商品名」「キーワード」「キャッチコピー」「説明文」など記事LPに必要な項目を打ち出した「TeraPad」のテンプレート

「★サブキャッチコピー★　車の査定をするなら『一括査定』が便利！」

「★説明文★　車の買取価格は業者によって値段がピンキリです。／（改行）／A社では80万円の買取価格なのに／B社では110万円で買い取ってくれる……／という事もあり得るんですね。／そこで、車の査定で少しでも損をしないために、／「車の一括査定」をご紹介します。……」

といった感じです（右ページの**図35b**）

そして、次に**サイトのトップページ用に作ったHTML言語のテンプレート**を開きます（**図35c**）。このテンプレートはアリウープが独自に作成したものですが、本書をお読みの方には**巻末のQRコード経由でダウンロード**できるようにしてありますので、実際に自分でサイトを作ってみたい方は気軽に使ってみてください。

テンプレートを実際にウェブ上で表示すると**図35d**のようになります。テンプレートとなるHTMLファイルは、複数のアフィリエイト広告主のサイトを図表にして、比較検討するために作られたものです。

Google広告のGSNの広告審査をクリアするためには、こうした複数サイトを表示して、お客さんが「どのサイトに飛ぶか」選択できる余地を残しておく必要があります。

そのため、サイト内にこうした比較表を入れることが広告審査に通るための必須条件になるので、アリウープでは図35cのようなHTML言語のテンプレートで比較図入りのサイトを簡単に作れるようにしているのです。

図35cをTeraPadで開いたら、ファイル内の指定された位置に図35bで作った記事LPの文字要素をコピペしていくことでサイトを完成させていきます。

図35b,c,d　記事LPのサイト作成手順

35 b

```
 9 ★サイトタイトル★
10 プリウスの査定をするならコチラ
11
12 ★サイトの説明★
13 プリウスを査定する方法をご紹介します
14
15 ★キーワード★
16 プリウス,査定
17
18 ★キャッチコピー★
19 あなたのプリウスを査定するならコチラ
20
21 ★サブキャッチコピー★
22 車の査定をするなら「一括査定」が便利！
23
24 ★説明文★
25 車の買取価格は業者によって値段がピンキリです。
```

記事LPの
文字要素を
★印の項目別
に書き込んだ
ファイル

35 c

サイト
作成用
HTML
ファイル

35 d

37cのHTMLファイル
を実際のネット上で
見たときのイメージ

たとえば、図35c の下のほうにある「★キャッチコピー★」を消去して、そこに「あなたのプリウスを査定するならコチラ」という図35b の文字をコピペします。すると、図35d の「★キャッチコピー★」の部分が**図35e** のように「あなたのプリウスを査定するならコチラ」に入れ替わります。

あとはサイトを構成する文章や画像のファイル名を図35c の指定位置に機械的にコピペしていくだけ。

FTPソフトを使って、サーバーにデータをアップロードしたり、ASP 会社に申請するためのリンクを張ったり、他にもやることはたくさんありますが、最終的に図35e のようなサイトを作成できました！

タイトルだけでなく、記事 LP のデザインも工夫

記事を作るうえでは、デザインについてもある程度、考える必要があります。

大切なのは、お客さんがあなたの作る記事 LP からアフィリエイト広告主のサイトに、なんの疑問も抱かず、興味をそそられるままに自然と移動してもらうことと、移動後に違和感を抱かないように配慮することです。

そのためにまず気をつけたいのは**色調**です。

広告主さんのサイトをパッと見たときの色合いが大事になります。たとえば、広告主の商品が健康茶でサイトが緑を基調にしたものなら、記事 LP も緑をベースに作るべきです。これは、スムーズなサイト移行をしてもらうためには必須といえます。

どれだけ広告主のサイトと似たイメージの記事 LP を作れるかどうかも重要なポイントになります。

広告審査を通すためには、表面上、記事 LP から複数のページ

図35e　プリウス査定比較の記事LP・完成形

あなたのプリウスを査定するならコチラ

▶ 車の査定をするなら「一括査定」が便利！

車の買取価格は業者によって値段がピンキリです。

A社では８０万円の買取価格なのに、
B社では１１０万円で買い取ってくれる・・・、

という事もあり得るんですね。

そこで、車の査定で少しでも損をしないために、
「車の一括査定」をご紹介します。

複数の業者に一括で査定見積もりができて、
あなたの車の最高査定額が分かります♪

「車の一括査定サービス」は複数ありますが、
まとめておきましたので、参考にしてください。

> テンプレートの★印の間の
> 文字を置き換えるだけで
> 広告主サイトの比較図も
> ある立派な記事LPが完成！

	査定時間	最大査定数	特典の有無	利用者数	確認電話	
	約45秒	10社	あり	35万人	あり	公式サイト
	約45秒	10社	あり	18万人	あり	公式サイト
	約45秒	1社	無し	5万人	あり	公式サイト

車査定・買取の窓口

※出典：かんたん車査定、ズバット車買取比較、車査定・買取の窓口

▶ 車の査定は「下取り」ではなく「買取」がお得！

"車の査定"と聞くと、
「下取り」と「買取」を思い浮かべるのではないでしょうか。

▼「下取り」と「買取」の違い
下取り・・・商品の代金の一部に当てるものとして、
購入した客から古くなった同種の品物を引き取ること。

にリンクを張って「単なる広告への通り道ではありませんよ」といった作りが必要になります。しかし、**本音をいえば、検索連動型広告の場合、記事 LP からいかに早く広告主サイトに移動してもらえるかが勝負**です。

そのため、**広告主サイトへのリンクボタン**をなるべく目立たせるようなデザイン上の演出も必要不可欠です。

アリウープの「ひな形サイト作成ツール」を使えば、記事 LP 全体の色調を選んだり、一つ一つの文字を色分けしたり、目にとまりやすい見た目のリンクボタンを記事 LP のあちこちに設置できます。

また、同ツールなら、PC 用の記事 LP を作るだけでスマホ用も自動生成される機能も用意されています。

むろん、今ではどんな HP（ホームページ）作成ソフトでも、同じ URL（HTML 言語で作ったページ）を PC、スマホ、タブレットなど見る環境によって自動でサイズ調整して見やすくしてくれる**「レスポンシブルデザイン」の機能**がついているので便利です。

複数のサイトを同時に作るやり方もある

PPC にせよディスプレイ広告にせよ、アドアフィリの記事 LP は、お客さんがアド広告で見つけた商品・サービスへの興味や関心を持続させたまま、広告主のサイトにすぐ移動してもらうこと「のみ」を目的にしています。

そのため、たった1ページ読むだけでさらに関心や興味が掻き立てられるようなものが理想です（むろん、広告審査を通すために複数のリンクページを用意する必要はあります）。

「たった1ページだけに魂を込める」、これこそ S 級アフィリエ

イターが目指す王道といえます。

ただし、「努力しないための努力」を積み重ねて、月間報酬100万円超の選ばれしアフィリエイターになるためには、**基礎となる王道式からさらにもう一歩、進化**しないといけません。

それが**「展開式」**と僕が呼んでいる記事LPの作成術です。

これまで説明した王道式では「不動産＋一括査定」とか「商品名＋通販、購入」というようにキーワードを固定して、検索連動型広告を出すのが前提でした。

しかし、扱うアフィリエイト商品・サービスによっては「地域名＋○○」「車種名＋○○」「駅名＋○○」といったように、検索ワードを変化させたほうがお客さんのニーズに応えやすくなるものもあります。

たとえば、新宿でビジネスホテルを探す人はほぼ100％、「新宿＋ビジネスホテル」で検索します。1週間後に出張で新宿に泊まりたい人なら「新宿＋ホテル＋予約」ですし、当日の宿を新宿で探している人なら「新宿＋ホテル＋今日」といったワードでホテルを探すでしょう。

そこで注目したいのが「新宿」の部分です。

品川で宿を探している人はこの部分が「品川」になりますし、大阪で探している人なら「大阪」とか「難波」といったワードに置き換わるはずです。

つまり、たった1ページの「ホテル紹介サイト」でも、そのサイトを「ホテル＋さまざまな地名」という検索ワードで宣伝すれば、日本中どこでホテルを探している人にもアクセスされる複数の記事LPを作成できます。

たった1ページの記事LPを作成して、「地名部分」をさまざまな場所に自動的に置き換えて、すべてのページを広告申請することで、お客さんのニーズに合った、よりきめの細かいアフィリ

エイトを行うことができるのです。

　これぞ、「労少なくして実り多い」記事 LP の作り方。

　そんな魔法のようなソフトがあるの？　と思った方も多いでしょうが、単純に地名部分にタグをつけて、その部分を Excel シートに記入した複数の地名に置換する処理をすれば、数分程度で多数の記事 LP を自動生成できます。

　さらに「市区町村名　ホテル」という複数の URL と広告文も自動作成してくれます。さすがに Google の GSN 広告への登録は一つ一つ手作業になってしまいますが、複数サイトを効率よく量産できるというわけです。

　記事 LP の量産ソフトに関しては、アリウープが運営している「アフィLab」などアフィリエイターのコミュニティサイトなどで利用可能なものも多いので、ぜひ使ってみるといいでしょう。

図36　展開式で複数の記事 LP を大量生産する・具体例

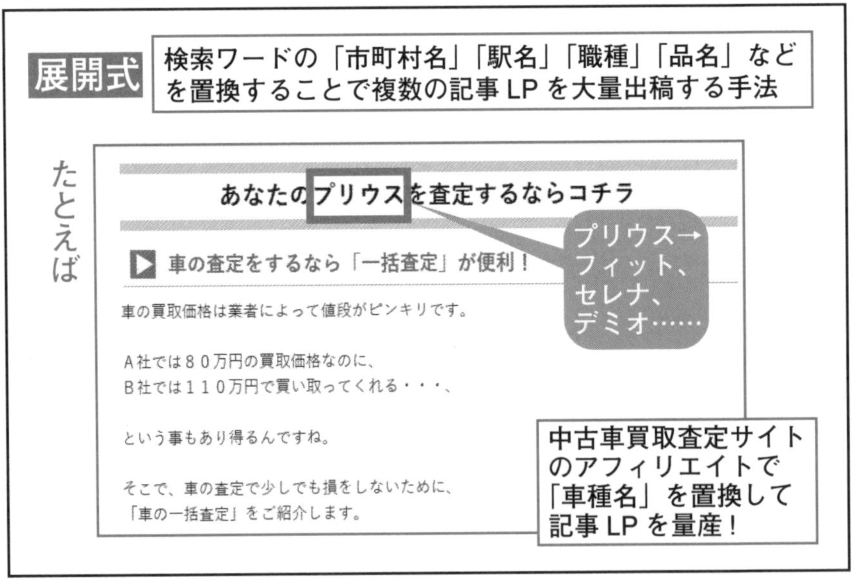

| 展開式 | 検索ワードの「市町村名」「駅名」「職種」「品名」などを置換することで複数の記事 LP を大量出稿する手法 |

たとえば

あなたのプリウスを査定するならコチラ

▶ 車の査定をするなら「一括査定」が便利！

車の買取価格は業者によって値段がピンキリです。

A社では８０万円の買取価格なのに、
B社では１１０万円で買い取ってくれる・・・、

という事もあり得るんですね。

そこで、車の査定で少しでも損をしないために、
「車の一括査定」をご紹介します。

プリウス→フィット、セレナ、デミオ……

中古車買取査定サイトのアフィリエイトで「車種名」を置換して記事 LP を量産！

展開式の応用範囲は限りなく広い

　展開式は核となるワードに「地名」や「駅名」などバリエーションを加えるわけですが、このような検索に適した商品、サービスは探せば他にもたくさんあります。

　最近急増中で報酬も高額な求人サイトのアフィリエイトであれば、**「職種＋転職」**とか**「看護師求人＋地域」**といった形で展開が利きます。

　職種のバリエーションは実際に広告主の求人サイトを見て、そこに取り上げられている職種ジャンルを Excel 上に並べていけば、コンピュータが自動的に置換処理をしてくれます。

　同様に高額案件の多い中古車買取や中古車一括査定サイトへ誘導したいなら、**「中古車買取＋車種名」**で車種名を変えた展開式を作ることもできます（左ページの**図36**）。

　大切なのは「旅行」「ホテル」「中古車」「新車」「マンション」「不動産」といった核となる言葉です。

　それを、よりきめ細かく、地域別や車種別、職種別といった形で展開していけるかどうか、展開することでより幅広いお客さんを獲得できるかどうかがこの手法の肝になります。

　展開式のメリットは、「地名」などお客さんのニーズに一歩踏み込んだ検索ワードを入れることで、**PPC広告のクリック率を上げられる点**にあります。

　たとえば、レンタカー会社が広告主のアフィリエイト記事を作ってアド広告を出す場合、「レンタカー＋予約」というキーワードで上位表示されるような広告になります。

　しかし、この2つのキーワードは誰もが思いつく、当たり前すぎるキーワード。ということは競合相手も多くなるので、検索画

面に上位表示されるためには高額の広告費が必要になってきます。

　その点、展開式なら、そこに具体的に「地名」が入ってくるので、**広告費をそれほどかけずに検索上位に広告を出す**ことができます。しかも、「レンタカー＋予約」よりはるかにお客さんのアクセスを呼び込めるわけです。

　新宿に住んでいるお客さんに対しては、「レンタカー予約はコチラ」よりも「新宿区でレンタカーを予約するならコチラ」のほうが、クリック率が高くなるのは当たり前。

　その心理をうまくとらえて、「ターゲットは絞って、広告費は安く」網をかける手法といえます。

具体的な展開式広告の作り方

- -

　展開式の実際の広告出稿の手順を紹介すると、まずは広告文を3パターンほど作ります。

「○○のレンタカー予約ならコチラ」

「○○のレンタカーならラクチン」

「【○○】今すぐレンタカー予約」

　たとえば、上記の3つになります。

　そして、「○○」の部分が勝手に「地名」に置き換わるようにソフトで指定します。ソフトがなかったり、Excel が難しくてわからないという場合は、仕方ないので手作業で置き換えていきましょう。実際の広告出稿では、広告文は15文字以内、「○○」の地名部分は8文字以内といった制約があったりします。

　たとえば「○○のレンタカー予約ならラクチン」だと15文字を超えてしまうといった場合は「『予約』という文字は必要ないな」と判断して、「○○のレンタカーならラクチン」として文字を短くします。

　僕がこの「レンタカー＋○○（地名）」で1700もの記事LPを作ったのは、とても有名な人材派遣会社系の旅行サイトが広告主のアフィリエイト案件でした。

　まだYahoo! JAPANで検索連動型広告を一括出稿できたときの実績ですが、広告を出した**2日間でかかった広告費用が1311円に対して、2社のASP会社から9603円、864円**、合わせて1万円以上の報酬を得ることができました。

　利益率にすると87%にもなります。通常、どんなS級アフィリエイトでも利益率が60％台なら御の字なので、ものすごくいい数字でした。

　たった2日間でその成果だったのは僕自身、驚きでした。

　これだけ素早く成果が出るからこそ、アドアフィリは「S級」といえるのです。これがSEOで検索順位を必死で上げて……といった広告費をかけないアフィリエイトだったら、成果が出るのに早くても2か月はかかるでしょう。

　ここまで来たらあとは簡単。

　Google広告が教えてくれる3つの広告文それぞれのアクセス数、クリック率、成約率を見て、反応が悪い広告はやめて、反応のいい広告にさらに広告費をつぎ込んでいくだけ。おのずと成果は倍々ゲームで増えていきます。

　さらに、記事の文句を微妙に変えることでクリック率アップに励めば、同じ検索ワードの競合広告の中でも上位表示されるようになります。

　検索ページの一番上や二番目まで上り詰めれば、そのページは「お金のなる畑」同然。あなたは時々メンテナンスや広告費用を調整するだけで、サイトが勝手にお金を稼いでくれる安定走行期間に入ります。

　実際、このレンタカー広告の場合、ほったらかしで**20日間運**

はじめに

第1章

第2章

第3章

第4章

第5章

第6章

営しただけで、**8万6427円もの成果**が出ました。

広告出稿には各社の審査基準がある

それでは最後に、ここまで紹介してきたPPC広告を**Googleの検索連動型広告GSNへ出稿する方法**をご紹介しましょう。

Googleに広告を出したいと思っても、審査基準があって、お金を払えば誰でも広告を出稿できるわけではありません。広告を出稿するIT企業各社には独自の審査基準があり、誇大広告や詐欺的商品サイトが蔓延しているため、そのハードルは年々高くなっています。

逆にいうと、競合相手が減っているわけですから、真面目で善良なアフィリエイターにとっては朗報といえます。

では、具体的な審査項目は？　というと、これはある意味、「ミズモノ」というか、GoogleなりYahoo! JAPANなり、審査するIT企業によって違い、日々流動しているので「絶対こうだ！」と断言できません。ですので、以下のGoogle広告の解説についても「これまでの経験則では……」という留保がある点についてはどうかご了承ください。

Google広告に関しては、広告申請する**サイトの一番上部に「絞り込み検索」という検索画面**を入れたページでないと広告審査に通りにくい、というのがアフィリエイターの共通した見解になっています。Google広告の場合、どうも、アフィリエイター（もしくはサイト作成者）が個人的な主観だけで「この商品がいい」と断定的に言っているだけのサイトを広告に出すことを嫌うようです。そのため検索画面を最初に入れて、お客さん自身が「どのようなサービスなり商品なりを選ぶか」を決めることができるようなサイトでないと審査に通らないのです。

たとえば**図37a**は「建物の解体工事費用査定サイト」が広告主のサイトに誘導するための記事です。記事のタイトルは「大阪の解体工事ならコチラ」ですが、そのすぐ下に「対応地域」「利用料金」「対応建物種別」「査定時間」という絞り込み検索を入れることで、ユーザーがサイトの記事内容に合った項目を自由に選べる状態にしておかないとGoogleの審査に通りにくいです。

お客さんは絞り込み検索の項目にチェックを入れることで、サイトが誘導するアフィリエイト広告主のサイトの中の検索項目に合致したページに飛べるような構成になっています。

確実な情報ではありませんが、Google広告の審査に通りやすい「絞り込み検索」の作りは、

- **検索項目が4つ以上必要。**
- **検索欄を「すべて指定なし」で検索したときに検索結果が15件以上あると安心。**

図37a GSN の広告審査通過のために必要な検索画面

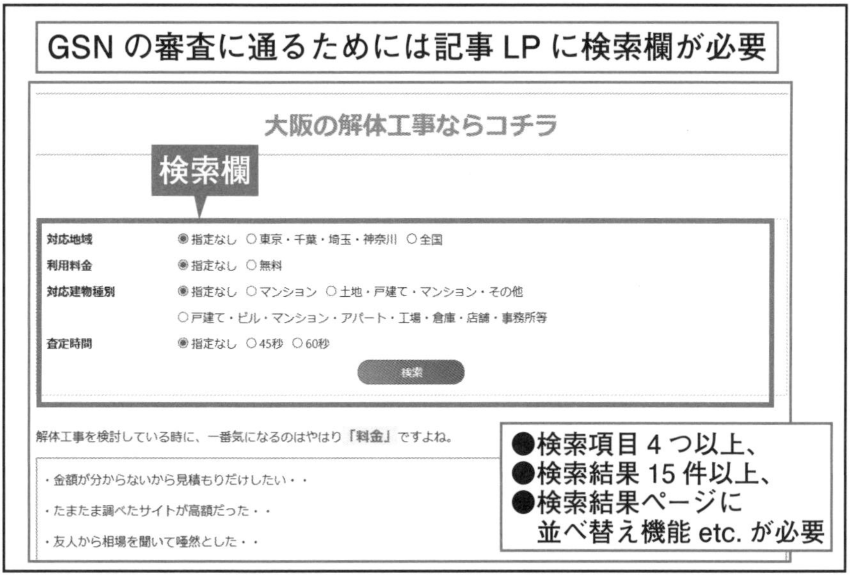

GSN の審査に通るためには記事 LP に検索欄が必要

大阪の解体工事ならコチラ

検索欄

対応地域	◉指定なし ○東京・千葉・埼玉・神奈川 ○全国
利用料金	◉指定なし ○無料
対応建物種別	◉指定なし ○マンション ○土地・戸建て・マンション・その他
	○戸建て・ビル・マンション・アパート・工場・倉庫・店舗・事務所等
査定時間	◉指定なし ○45秒 ○60秒

検索

解体工事を検討している時に、一番気になるのはやはり「料金」ですよね。

・金額が分からないから見積もりだけしたい・・
・たまたま調べたサイトが高額だった・・
・友人から相場を聞いて唖然とした・・

- 検索項目4つ以上、
- 検索結果15件以上、
- 検索結果ページに並べ替え機能 etc. が必要

●**検索結果ページに「並べ替え」（ソート）機能を入れること。**

　といったものになっています。

　つまり、検索結果の画面が１ページに３件ずつしか表示されず、15件÷３件で５ページにまたがって表示されるような形式だと審査に通りにくいといわれています。

　そのため、図表形式で検索項目の一覧表を表示して、その上部に「並べ替え」タブを挿入。「おすすめ順」「利用者数が多い順（少ない順)」「査定時間が短い順（長い順)」「提携業者が多い順（少ない順)」といった項目で並べ替えができるように、検索結果欄を作り込む必要があるわけです。

　「検索画面を作る」「ソートを入れる」というのはいずれもお客さんの利便性を重視していることの表れだと思われます。

　さらに、

●**記事 LP の一番下に検索結果４～５件をあらかじめ並べておく**

図 37b　GSN の広告審査に必要な検索結果表示

という構成の記事だと審査に通りやすいようです。

この「大阪の解体工事ならコチラ」の場合、左ページの**図37b**のように記事LPの一番下に検索結果の例を表示しています。

さらに、これだけやっても審査に落ちてしまうケースもあります。その理由は、**コンテンツ不足**です。

対処法としては記事LPからお役立ち情報にリンクを張ることで回避できます。

たとえば、このページは「解体工事」に関するページですから、「解体工事とは？」「解体工事の流れ」「費用」など5～10のリンクページを作っておくと安心です。

そのページに、この記事LPからリンクを張っておくと、コンテンツ不足で審査落ちした場合でも再審査に通りやすくなるというのが定説になっています。

アフィリエイト広告主に似せたページ作り

この案件の場合、広告主のサイト（次ページの**図37c**。ダミー）にアクセスしてもらって、解体業者の見積もり査定をしてもらえたら、成約報酬がもらえる条件になっています。

そのため、記事LPでは当然、そのサイトに誘導するような仕組みが必要になります。

つまり、Google広告にとってのマストアイテムといえる絞り込み検索に関しても、広告主サイトの作りを大いに参考にしたほうがいいでしょう。

広告主のサイトは、「建物を解体したい」という、かなりニッチながら、差し迫ったニーズのある人に解体業者を紹介するサービスを提供しています。

広告主サイト自体は、「日本のどのエリアの建物か？」→「都

道府県はどこか?」→「解体したい建物の種類」→「床面積」→「解体したい物件の階数」→「物件の構造」……といったように、**解体する建物を徐々に絞り込む作り**になっています。

なので、絞り込み検索画面を作るといっても、この広告主のサイトの絞り込みをそのまま引用して作ればいいだけです。

検索画面のあるサイトを一から作るのは大変ですが、アリウープの「ひな形サイト作成ツール」ならすぐできますし、今では**WordPress などにも絞り込み検索やタグ検索を手軽に実装できるプラグイン**が有料で提供されているので、それほど難しいことではありません。

Google 広告に出稿する広告文を考える

記事 LP を Google 広告の審査に通りやすいように作成したら、

図 37c　GSN 広告で誘導する広告主サイト(ダミー)

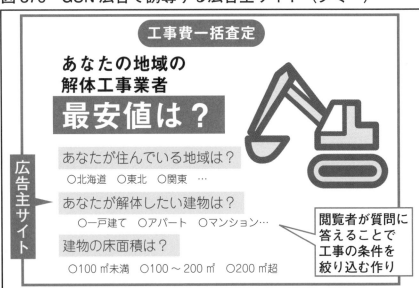

次は、GSNに申請する**「キーワード」**と**「広告文」**を用意します。「キーワード」は、Googleの検索画面で実際にお客さんが入力するワードそのものになります。そのワードを入力すると、検索画面が表示され、その上部や一番下に自分のサイトが広告表示されるわけです。

　ここでは**「大阪　解体工事」**という2つのワードを選択してみましょう。すると、現状で検索画面に出てくる広告は**図38**のようになります。

　この検索結果は、入力するキーワードによって変わってきます。たとえば「神奈川　解体工事」と入力するとまた別の広告が表示されます。つまり、この記事LPは先ほど見た展開式の一つで、実際は「○○　解体工事」の○○の部分を47都道府県に置き換えて、複数のサイトを運営するつもりで作ったものになります。

　次に用意しておくのが**「広告文」**です。「大阪　解体工事」と

図38　検索ワードを入力すると表示される広告をチェック

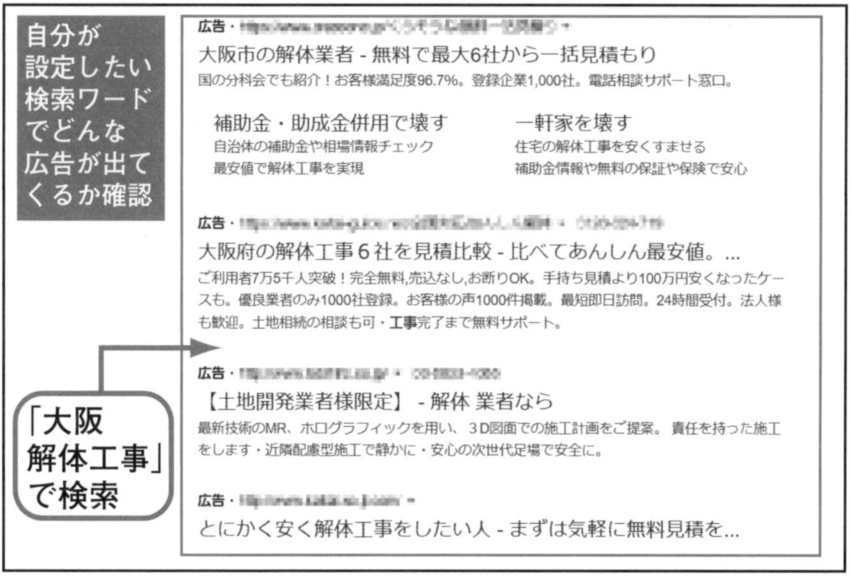

検索欄に入力したユーザーが最初に目にするのが広告文になります。

　広告文は**「見出し」**と**「説明文」**に分かれています。

　広告文一つとっても、そのキャッチコピーによって「こっちのほうが気になるな」とユーザーが判断するとそっちをクリックされてしまいます。すでに広告として上がっているサイトの「見出し」「説明文」を参考にして、より刺激的かつ、よりニッチで目にとまりやすい文章を考えてクリック率向上を目指しましょう。

　キーワードと広告文が決まったら、実際に Google 広告のログイン画面にアクセスします。

Google 広告のアカウントにログインして広告申請

　Google 広告のアカウントは、Gmail のアカウントを持っていれば、「今すぐ開始ボタン」をクリックして、いくつかの質問に答えるだけで、誰でも簡単に開設できます。

　開設したアカウントの管理画面が右ページの**図39a**になります。この画面で「新しいキャンペーンを作成」ボタンを押すことで広告出稿の申請を行います。

　そうすると「このキャンペーンで達成したい目標を選択」画面（**図39b**）に移動し、

「販売促進」
「見込み顧客の獲得」
「ウェブサイトのトラフィック」
「商品やブランドの比較検討」
「ブランド認知度とリーチ」
「アプリのプロモーション」
「来店数と店舗売上の向上」

図39a,b,c,d　Google広告への出稿手順

「目標を指定せずにキャンペーンを作成する」

　という8つのジャンル分け画面が登場します。これらのジャンルは、Google広告を出したい人の目的別に分けられています。

　アドアフィリの目的は「ウェブサイトのトラフィック、適切なユーザーがサイトにアクセスするよう促します」なので、そのボタンをクリック（**図39c**）。

　次に表示される「キャンペーンタイプを選択してください」の画面には、

「検索」「ディスプレイ」「ショッピング」「動画」「ファインド」

　という5項目があります（**図39d**）。この5つがGoogle広告で出稿できる広告の種類になります。

　検索連動型広告の場合は「**検索**　Google検索の結果ページやGoogle検索パートナーのサイトなどで表示される、テキスト広告や電話専用広告を通じて売り上げを高めます」を選択します。「続行」「新たに開始」をクリックすると、**「全般設定」**というページに移行します（右ページの**図40a**）。

　このページでは**「キャンペーン名」**を入力。さらに**「ネットワーク」**は、前にも説明したCPC（コスト・パー・クリック）の**GSN**か、CPM（コスト・パー・ミル）の**GDN**かの、2つから選ぶことになります。今回は検索連動型広告の運用になるので、「検索ネットワーク」だけにしておきます。

　その下には**「ターゲティングとオーディエンス」**という欄があるので、ここは「日本だけ」、言語は「日本語だけ」に設定します。

　ここから先はアド運用にとって、とても重要な「予算と入札単価」の設定です（**図40b**）。

図40a,b　広告予算など Google 広告の詳細設定

40a 「キャンペーン設定を選択する」の「全般設定」で
●タイプ（「ウェブサイトのトラフィック」）
●キャンペーン名　●ネットワーク（「検索」）を設定

40b 「予算」の上限（1日の平均費用）を決め、
「単価設定」では「コンバージョン」を選び
「目標コンバージョン単価の設定」で
1成約にいくら払うか入札単価の目安を決める

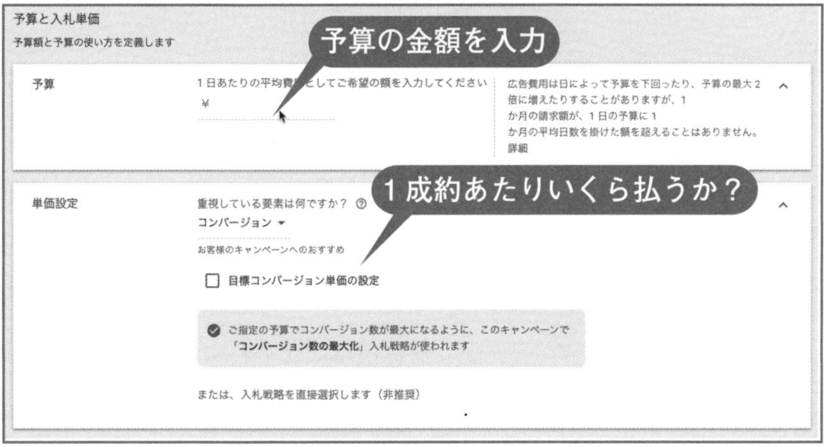

予算の金額を入力

1成約あたりいくら払うか？

予算上限と目標コンバージョン単価を設定する

「予算」は１日にどれぐらいの広告費を使いますか、という目安の金額を入力するものです。もしあなたが初心者で、今回のサイトを立ち上げたばかりなら**「１日1000円」**ぐらいから始めましょう。１か月で３万円程度の広告費を支払うイメージですね。

次の**「目標コンバージョン単価の設定」**という項目ですが、ここは**「コンバージョン（成約)」を１件獲得するための単価**を設定できる欄になります。

たとえば、この例だと、検索欄に出した広告をクリックして僕のサイトを訪れたお客さんが広告主のサイトに移動して「解体工事の問い合わせをした」というのが、僕にとっての成果＝コンバージョンになります。

その目標を達成するために、「あなたは、最大限、どれぐらいのお金を支払ってもいいですか？」というのが「目標コンバージョン単価」になります。

たとえば、ここに「¥500」と入力した場合、広告費500円を使って最大限のコンバージョン（成約）を目指してほしい、という意味合いになります（**図41**)。

検索連動型広告の GSN の広告枠は限られているため、同じキーワードで広告を出している他のアフィリエイターや企業と**広告の奪い合い**になるケースが多くなります。

広告が上位（検索ページの１ページ目）に表示されるほど、当然、クリックされる確率が上がり、コンバージョンにつながりやすいです。そのため、「大阪　解体工事」というキーワードで上位表示を目指すには、同じキーワードで広告を出している他の企業よりも高い**「入札単価」**を設定する必要があります。

　厳密にいうと広告やサイトの質も審査基準になるのですが、やはり、入札単価が高いほど上位表示されやすくなります。

　といっても、他の企業やアフィリエイターがどのくらいの入札単価で出稿しているのかわかりません。なので、入札単価に関しては、ライバルとの探り合いになります。

「それでは非効率。入札単価の調整はAIに任せよう」ということで設定されているのが、Googleの目標コンバージョン単価なのです。

　最大の目標金額を設定しておくことで、指定した金額（今回は500円）の範囲内でコンバージョンを最大化できるように、GoogleのAIが勝手に入札単価を自動調整してくれます。

　設定した金額を超えない範囲でコンバージョン（成約）を増やすように入札単価が調整される仕組みになっているので、最初は低めに設定して様子見しましょう。

図41　目標コンバージョン単価の設定画面

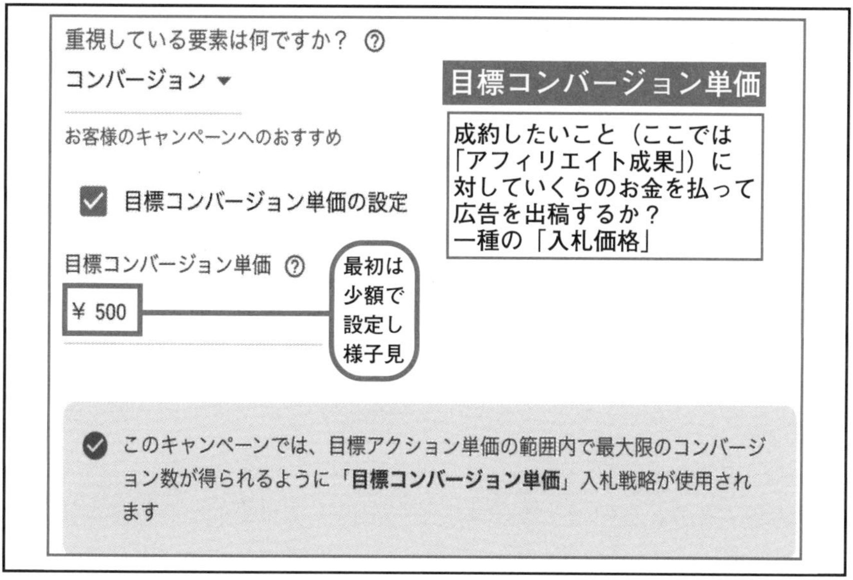

重視している要素は何ですか？
コンバージョン ▼

お客様のキャンペーンへのおすすめ

☑ 目標コンバージョン単価の設定

目標コンバージョン単価
¥ 500

最初は少額で設定し様子見

目標コンバージョン単価
成約したいこと（ここでは「アフィリエイト成果」）に対していくらのお金を払って広告を出稿するか？一種の「入札価格」

✓ このキャンペーンでは、目標アクション単価の範囲内で最大限のコンバージョン数が得られるように「**目標コンバージョン単価**」入札戦略が使用されます

「100円」でもいいですし「500円」でもいいです。

　ここではあまり悩む必要はありません。まずは安い金額に設定しておいて、実際に出稿したらどれだけコンバージョンを稼げるのか、Google広告が提供してくれるデータを見て、あとから調整するほうがよっぽど手っ取り早いです。

広告グループ設定で実際の広告文を作成する

　ここまでを保存して次の**「広告グループを設定する」画面**に進みます。この画面では、先ほど用意したキーワードや見出し、説明文といった広告文を入力していきます。

　「キーワード」の欄には先ほど決めた「大阪　解体工事」と入力します。これで、「このキーワードで検索されたときに広告を出してください」という設定が完了します（**図42a**）。

　「保存して次」をクリックすると、**「広告を作成する」**画面に進みます（**図42b**）。

　「最終ページURL」欄には、自分が作った「大阪の解体工事ならコチラ」という記事LPのURLを入力します。

　次の**「広告見出し1」**というのは、検索欄に表示される一番目立つ見出し文字です。

　さらに、それに続く文章を2つ設定できます。それが管理画面の**「広告見出し2」「広告見出し3」**になります。こちらは2つ設定することで、Google広告のAIがクリック率の高いほうを自動選択してくれます。

　日本語は左から右に読むので、見出し1は最初にお客さんにパッと見てもらえる位置にあるキャッチコピーになります。

　「クリックしたのに全然違うサイトが出てきたぞ」とお客さんに思われないためには、見出し1とサイトのタイトルが完全にマッ

図 42a,b,c　GSN のキーワード、見出し、説明文を入力

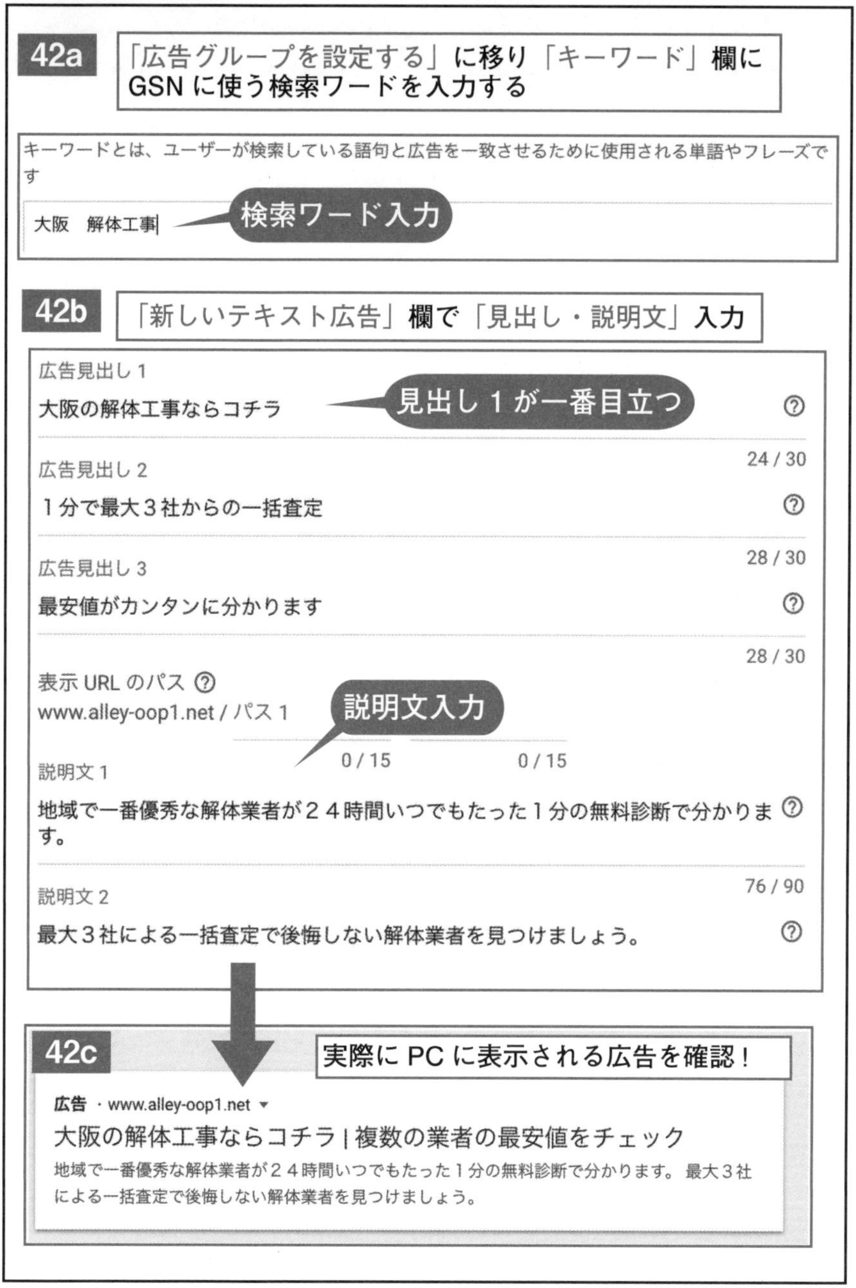

42a　「広告グループを設定する」に移り「キーワード」欄に
GSN に使う検索ワードを入力する

キーワードとは、ユーザーが検索している語句と広告を一致させるために使用される単語やフレーズです

大阪　解体工事　　——　検索ワード入力

42b　「新しいテキスト広告」欄で「見出し・説明文」入力

広告見出し 1

大阪の解体工事ならコチラ　　——　見出し 1 が一番目立つ　　⑦

24 / 30

広告見出し 2

1 分で最大 3 社からの一括査定　　⑦

28 / 30

広告見出し 3

最安値がカンタンに分かります　　⑦

28 / 30

表示 URL のパス ⑦
www.alley-oop1.net / パス 1　　説明文入力

0 / 15　　　　　0 / 15

説明文 1

地域で一番優秀な解体業者が２４時間いつでもたった１分の無料診断で分かります。　⑦

76 / 90

説明文 2

最大 3 社による一括査定で後悔しない解体業者を見つけましょう。　⑦

42c　　実際に PC に表示される広告を確認！

広告・www.alley-oop1.net ▾

大阪の解体工事ならコチラ | 複数の業者の最安値をチェック

地域で一番優秀な解体業者が２４時間いつでもたった１分の無料診断で分かります。最大３社
による一括査定で後悔しない解体業者を見つけましょう。

チしている必要があります。そのため、見出し１にはアフィリエイトサイトのタイトルをそのまま引用するのが無難です。

　つまり見出し１は「大阪の解体工事ならコチラ」になります。

　この欄に「最安値で実績多数で安心」と売り文句だけ並べても肝心のキーワードが入っていないとユーザーは見てくれません。見出し１は無難にいきたいところです。

　次に見出し２、見出し３は30文字MAXのサービスの説明になるので、たとえば、

「１分で最大３社からの一括査定」

「最安値がカンタンに分かります」

　見出し３は、見出し１と見出し２の組み合わせでクリック率が上がらなかったら、Google広告のAIが勝手に「見出し１と３」の組み合わせに変えてくれる「保険」のようなものといえます。

　次に**「説明文」**です。説明文の最大文字数は90字になります。

　こちらは**図42c**に示したように、実際の検索ページの広告見出しの下に表示されるコンテンツ部分になりますが、ここも実際のサービスの内容で問題ありません。たとえば、

「地域で一番優秀な解体業者が24時間たった１分の無料診断で分かります」

「最大３社による一括査定で後悔しない解体業者を見つけましょう」、といった感じです。

　管理画面では入力した「URL」「見出し」「説明文」が実際にどのように広告表示されるか、**画面右のプレビュー欄**で見ることができます。**図43**は「モバイル」に表示される広告のプレビューが掲載された画面になります。

　これは検索連動型広告でもインプレッション広告でも同じですが、広告を出稿するときは、記事LPにマッチした広告文を複数作っておくことが大切です。

　そこで、一つの広告が完成したら、画面下の**「完了して次の広告を作成」**画面に移り、もう一つぐらいは広告パターンを作っておいたほうがいいでしょう。たとえば、見出し1の「大阪の解体工事ならコチラ」はそのままに、見出し2と見出し3に、「複数の業者の最安値をチェック」「どんな建物でもチェック可能」を加えます。すると、「大阪の解体工事はコチラ」という見出しに続く文字が、

「1分で最大3社からの一括査定」
「最安値がカンタンに分かります」
「複数の業者の最安値をチェック」
「どんな建物でもチェック可能」

　の**4パターン**になるわけです。

　複数の広告を作ると、Google にしても Yahoo! JAPAN にしても Facebook にしても、どんな属性のユーザーに対してどの広告

図43　完成した広告文のモバイル画面でのプレビュー

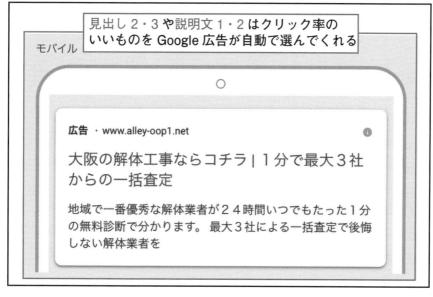

見出し2・3や説明文1・2はクリック率の
いいものを Google 広告が自動で選んでくれる

モバイル

広告　·　www.alley-oop1.net

大阪の解体工事ならコチラ | 1分で最大3社
からの一括査定

地域で一番優秀な解体業者が24時間いつでもたった1分の無料診断で分かります。最大3社による一括査定で後悔しない解体業者を

のクリック率がよくなるかを AI が勝手に判断してくれます。広
告費の費用対効果を上げる意味でも、広告文は複数用意しておき
ましょう。

さらに、実際に広告運用を開始したら、Google 広告が教えて
くれる**アクセス数やクリック率、コンバージョン件数などをもと
に、広告文や広告費の微調整**を行って、「どうすればよりクリッ
ク率が上がるのか」「アフィリエイトの成果報酬につながるのか」
を自分なりに分析していくことが大切になります。

これで広告出稿の申請は完了です。一番下の「保存」ボタンを
押すと、「キャンペーンを公開できます」画面に移動するので「公
開」ボタンをクリック。これで広告を出稿できます。

早ければその日中に審査を通って、その日のうちにアフィリエ
イトの成果が発生することもしょっちゅうです。

ざっと駆け足で見てきましたが、これが Google 広告に検索連
動型広告を出す流れになります。

広告審査をパスするには情報交換が必要不可欠

前にも少し触れましたが、アフィリエイトの世界では商品・サー
ビスの効果を誇大表現したり、事実無根の虚偽広告を出したり
するなど悪質な業者が存在しています。そのため、巨大 IT 企業
の**アド広告に対する審査は年々、厳しく**なっています。さらに、
審査基準が非公開でくるくる変化するため、これまで審査を通っ
ていた広告がいきなり通らなくなることも多発しています。

実際、Yahoo! JAPAN では2019年6月以降、アフィリエイト
を含む成果報酬型サイトに関しては、一部のサイトを除き、検索
連動型広告を出せなくなりました。その際のリリースは以下のよ
うなものです。

「ビジネスモデルが成果報酬型サイト（アフィリエイトサイトを含む）およびそれと同等と判断したサイトについては、『広告のクリック等をさせることを主目的としているもの』に該当するサイトとし、広告掲載不可に変更します」

ただし、リリース内のQ＆Aにおいて「一部のサイトを除き」と記載されています。完全に出せなくなったわけではないようです。

こうした規制は、あくまで悪質な業者を駆逐するためのものとはいえ、審査に通らないことには話が始まりません。

たとえば、高齢者向け美容液のアフィリエイトで「皺がとれる」という表現がいきなりNGになったら、「じゃあ、『溝がとれる』という表現ならどうだろう」といったように、それは「いたちごっこ」の部分もあります。

さらに、広告審査に通るか通らないかは、最終的な段階になると、結局、人力で審査する人の基準や気分次第で変わってしまいます。いったん審査に落ちた広告を再度、出稿したら難なく審査に通ってしまった、ということも日常茶飯事なのです。

そういう意味で、アドアフィリに最も必要なのは、横のつながりというか、**善良なアフィリエイター同士の情報交換**以外ありません。

先ほど紹介した、Google広告に出稿するためには記事LP内に「検索画面を作るのが必須。検索項目も4つ以上ないとダメ」といった基準も、Googleが教えてくれたものではありません。

僕たちアフィリエイターが他の仲間と情報交換して、初めて見つけたものです。

「この前、ひっかかった検索ワード、こういう出稿の仕方をしたら審査に通った」

「Google広告では通らない広告がFacebookやTikTokでは通っ

はじめに

第1章

第2章

第3章

第4章

第5章

第6章

た」

　など、日々、他のアフィリエイターと情報交換できる環境を持つこと。これこそが、実はアドアフィリで成功するために一番大切な要素といえるのです。

　幸い、僕が取締役を務めるアリウープは、**多数のアフィリエイター仲間が集うコミュニティ「アフィLab」**を運営しています。

　仲間の中には僕以上に稼ぐスゴ腕アフィリエイターもたくさんいます。みなさんも本気で月収100万円以上のアフィリエイターを目指すなら、「アフィLab」に参加してみてください。有益な情報交換ができると思いますよ。

　本書では検索連動型広告を出稿する方法を解説しましたが、**それ以上に稼げて今最先端といえるFacebookやTikTokなどSNSプラットフォームへのインプレッション広告の出稿方法**なども一から学べるので期待してください！

最後に

はじめに

第1章

第2章

第3章

第4章

第5章

第6章

ここまで本書をお読みいただいて、誠にありがとうございます。

アフィリエイトについて、時に熱く、時にクールに語ってきたつもりですが、心の底からいえるのは、

「僕の人生、アフィリエイトに救われた！」

という感謝の気持ちです。

父の死、高校中退、低収入と、僕は比較的ハードモードの10代後半、20代前半を送ってきました。もし、アフィリエイトがなければ、いまだに僕は自信のかけらもない、さえない人生を送っていたでしょう。

アフィリエイトビジネスの成功のおかけで、30代になった僕は自分でいうのもなんですが、第4次産業革命といわれる IT や AI の進化の最前線で奮闘できる立場を手に入れました。それなりに自信とプライドを持って、アフィリエイターの仕事に没頭しています。

実をいうと、夢にも思わなかった**テレビ出演**を果たすこともできました！　コロナでステイホームが日常化する中、収入アップの切り札として紹介したいということで、僕たちが取り組んでいるアフィリエイト活動が、東京 MX テレビさんの「キラ×バズTV!?」という番組に2021年4月20日からなんと3か月にわたって、数回取り上げられました。

4月30日以降からは、アリウープが運営する「アフィLab」のテレビ CM が、なんとフジテレビで放映されるようにもなりました。以前であればアフィリエイト関連事業はテレビ CM の考査（審査のこと）に通らなかったのですが、コロナ禍の影響でアフィリエイトを勉強したいという人の数がうなぎ上りに増加して

いることと、「アフィLab」を長年、真面目に運営してきたことが、このタイミングでうまく組み合わさって、実現できたのだと思います。

コロナ禍によってアフィリエイトのニーズが大きくなっているのは喜ばしいのですが、その半面「悪徳アフィリエイター」が増加したり、未経験者を食い物にするような商材屋が増加したりするのではないかという懸念もあります。

その結果、アフィリエイトに対する間違った認識が広まって「印象が悪くなる」なんてことが起きてしまうと本末転倒です。

だからこそメディアに出演したり、こうして本を出版したりすることで、正しい情報を発信していきたいと思っています。**「アフィリエイトを表通りに」**というのも僕のミッションだからです。**「アフィリエイトを必死に勉強して、ITやインターネットの技術、ノウハウ、知識、経験を積み重ねれば、幸せで快適で誰にも縛られない自由な人生を送ることができる！」**

僕はそう確信しているからこそ、アフィリエイトで成功者を多数輩出するためのコミュニティとして「アフィLab」を運営しているわけですね。

こういった背景や僕の想いなんかもありまして、あなたにもアフィリエイトを通じて素晴らしい人生を手に入れてほしいと願っています。少しでもそのお役に立てないかと思い、ささやかですが**3つほどプレゼント**をご用意しました。

1つ目は、未経験者でもサイト作成に困らないように**「サイトテンプレート」**をプレゼントします。これがあれば本書の内容を実践するためのお役に立てるかと思います。

2つ目は、ページ数の問題があって本書で語ることのできなかった**「アドアフィリの真髄」**を、ビデオ講座の形でプレゼントさせていただきます。この方法こそ、「アフィLab」のベースとし

てお伝えしているもので、パソコンとは無縁だった主婦の方が月収400万円を稼ぎ出したりしているくらい、効果バツグンのノウハウになりますので、ぜひ楽しみながら学んでいただければと思います。

最後の３つ目ですが、本書でも少し触れた**「リサーチツール」**をプレゼントします。

どういった切り口や文章の流れで記事LPを作ればいいかを調べるためのツールですが、特に２つ目のプレゼントである「アドアフィリの真髄」としてお伝えする方法とは相性がよく、組み合わせることで絶大な効果を発揮します。

そういう理由もありまして、２つ目のプレゼントである**「アドアフィリ無料講座」の受講ビデオ内にてリサーチツールもプレゼント**させていただきます。

以上、３つのプレゼントをご用意しました。プレゼントは以下のQRコードを「LINEアプリ」で読み取り「友だち追加」していただければ、すぐにお届けしますので、ぜひ活用してください。

もしも「読み込めない」など不備がありましたら、LINEのID検索で「@544rxivl」と検索して「友だち追加」してください。

なお、プレゼントの内容・送付につきましては、書店・図書館・出版社は関係ございません。また、予告なく終了することもあるので、ご了承ください。

長くなりましたが、これで以上とさせていただきます。最後までお付き合いくださり、ありがとうございました。本書があなたの人生を大きく変えるキッカケになれば幸いです。

2021年7月吉日　　　　　　　　　　　　　　　　　　井口大輝

井口大輝（いぐち・たいき）

株式会社アリウープ取締役。アフィリエイトコミュニティ「アフィLab」所長。
1991年、大阪生まれ。22歳のときにアフィリエイトに出会い、縁あって現在、取締役を務める株式会社アリウープへ入社。入社前後の合わせて約18か月間で月間報酬1000万円を達成。
2016年12月にアフィリエイトの研究所「アフィLab」を発足。発足から約4年半で、のべ5000人が参加。参加者の中からは、月間報酬100万円を突破し独立起業した人、元サラリーマンで月間報酬400万円を達成した人など、数多くのトップアフィリエイターを輩出。現在も所長としてコミュニティを運営しながら、自社でもアフィリエイト広告の運用を手がけている。

Ｓ級アフィリエイト
元手1万から9か月で月収10万を"ほぼ永遠"に生み出す「ネット副業」入門

2021年8月3日　　初版発行

著　者　　井　口　大　輝
発行者　　和　田　智　明
発行所　　株式会社　ぱる出版

〒160-0011　　東京都新宿区若葉1-9-16
03(3353)2835－代表　03(3353)2826－FAX
03(3353)3679－編集
振替　東京　00100-3-131586
印刷・製本　中央精版印刷株式会社

印刷・製本　中央精版印刷株式会社

ISBN978-4-8272-1284-6　C0034